导弹和火箭

最好看的军事百科

中国出版集团　现代出版社

图书在版编目（CIP）数据

导弹和火箭 / 田力编著.—北京：现代出版社，2012.12
（最好看的军事百科）
ISBN 978-7-5143-0914-0

Ⅰ.①导… Ⅱ.①田… Ⅲ.①导弹—世界—普及读物②
火箭—世界—普及读物 Ⅳ.①E927-49②V475.1-49

中国版本图书馆 CIP 数据核字（2012）第 275103 号

 导弹和火箭
最好看的军事百科

作　者	田　力
责任编辑	袁　涛
出版发行	现代出版社
地　址	北京市安定门外安华里 504 号
邮政编码	100011
电　话	(010) 64267325
传　真	(010) 64245264
电子邮箱	xiandai@cnpitc.com.cn
网　址	www.modernpress.com.cn
印　刷	汇昌印刷（天津）有限公司
开　本	700×1000　1/16
印　张	7
版　次	2013 年 1 月第 1 版　2021 年 3 月第 3 次印刷
书　号	ISBN 978-7-5143-0914-0
定　价	29.80 元

前言 FOREWORD

　　武器的历史可以追溯到人类刚刚学会使用石块和木棒的时期。在那个蒙昧时代，人类为了自身的生存，手中的猎食工具很可能在某些场合变成了同类自相残杀的武器。

　　但是，武器及武器技术迅猛发展却只有几百年的历史。当人类告别血淋淋的冷兵器时代，欢天喜地迎接文明时代到来的时候，那些热兵器的发明者绝不会想到，武器技术的发展是一柄寒光闪闪的双刃剑。人类在试图征服或消灭某些同类的时候，他们自己也命悬一线，他们自己的生命甚至整个美丽的地球随时都面临着灭顶之灾。难怪在面对"第三次世界大战是不是核战争"的提问时，爱因斯坦先生做了如此精妙的回答："第三次世界大战怎么打我不知道，但我知道第四次世界大战一定是棍棒和石块。"

　　历史的车轮滚滚向前，科技的发展日新月异。那些原本为研究武器而获得的大量科技成果，正在一天天为我们的文明社会服务。就像当初打开潘多拉盒子的巨人们，后来却极力反对核武器和核战争。如今，核能的和平利用为人类带来了莫大的福音。

　　这套《最好看的军事百科》凝结了作者辛勤的劳动。丛书详尽地介绍了各种武器从诞生到完善的艰辛过程。全书配有大量精美、翔实、准确的图片，讲述感人至深的武器背后的故事，是一套精美的速成读物。对于少年儿童和武器爱好者来说，这是一套值得收藏的佳作。希望少年儿童们通过阅读，培养热爱国防，研究武器的兴趣，长大后成为中国国防现代化建设中的一员。

目录 CONTENTS

导 弹

火 箭

发展历史

大多数人认为导弹是现代战争的武器，其实，导弹的历史很悠久。它是通过自身的动力飞行击中目标，不像箭、矛、子弹或炮弹借助外力打击目标。

古老的导弹

中国古代火箭是现代火箭和导弹的鼻祖，中国是世界火箭的发源地。在古代战场上，攻城者将一桶桶燃烧的沥青或者大量腐烂动物的尸体投掷到城堡里。

⬆1650年，波兰弹道学家卡西米尔·西蒙诺维茨，发表了一种多级火箭的设计图。

⬆中国早期的火箭车

古老的火箭

作为武器用的古代火箭，箭的顶端装有箭头，起杀伤作用，相当于现代导弹武器的弹头。火箭的尾端装有箭羽，起稳定飞行的作用。

◀1807年，"康格里夫"火箭作战情景。

"康格里夫"火箭

威廉·康格里夫爵士发明的燃烧性火箭由黑火药、一个铁容器、4.9 米长的导杆组成。1806年，英军使用"康格里夫"火箭袭击拿破仑在法国的指挥部。1807年，康格里夫指挥了对哥本哈根的火箭攻击，这次战斗中使用了2.5 万枚"康格里夫"火箭。

1780 年在岗特战役中，当印度人密集的火箭弹幕落到英国人的密集队形中，平素十分坚定的英军四散奔逃。

"黑尔"火箭

1812 年，"康格里夫"火箭用于和美国作战。"康格里夫"火箭使用 4.9 米长的导杆以保持飞行的稳定。1846 年，另一位英国发明家威廉·黑尔发明了无导杆火箭。从墨西哥战争起，美国人差不多用了 100 多年的"黑尔"火箭。直至两次世界大战，火箭仍然在战场上起着有限的作用。

从 13 世纪 到 15 世纪，人们曾经进行过许多关于火箭的实验。意大利人琼斯·德·丰塔纳曾经设计过一种水面滑行用于攻击敌舰的火箭。

现代导弹的出现

现代导弹技术起源于第二次世界大战期间。1942 年年底,世界上第一枚弹道式导弹和第一枚飞航式导弹相继在德国诞生,这便是 V−1 导弹。1944 年,德国人曾使用 V−1 导弹和 V−2 导弹攻击欧洲大陆和英国伦敦。

兵器档案

V−1 导弹

生产国:德国

弹重:2 200 千克

弹径:0.82 米

翼展:5.3 米

战斗部装药:700 千克

飞行速度:550~600 千米/时

航程:370 千米

命中率低

V−1 外形像是一架小飞机,以冲压喷气发动机为动力,装有 700 千克普通炸药,射程 370 千米。V−1 导弹没有现代意义上的制导与控制,只能对飞行高度、状态及弹道进行控制,因此命中率很低。

➡ V−1 导弹用弹射器发射,也可从运载机上发射,然后依靠弹上的控制系统导向预定弹道作水平飞行,而后向目标俯冲。

救命稻草

1944 年 6 月 6 日晨,盟军在诺曼底地区实施大规模登陆,开辟欧洲第二战场,德军腹背受敌,面临彻底覆灭的命运。德国元首为了作垂死挣扎,把刚刚装备部队的秘密武器 V−1 和 V−2 导弹亮了出来,企图通过用 V−1、V−2 导弹对英国进行袭击,以挽救败局。

导弹的使命

导弹不仅肩负着战略(政治)使命,还担负着战术(战役)任务。战术导弹在战场上攻击敌方的车辆、飞机、舰船和部队等战术目标。战略导弹通常携带着大规模杀伤性武器,以其强大的威慑力量使敌人不敢首先发起进攻。

战术导弹

战术导弹的作战区域相对小些,其射程通常在1000千米以内,多属近程导弹。它的目的是为了获取一个战役的胜利而消灭敌军明显的军事目标,比如机场、港口、导弹阵地、铁路枢纽和桥梁等。

作为北约诸国早期的通用中程防空导弹,"霍克"可谓是雷声公司的经典之作,MIM-23B"霍克"使用范围之广是其他防空导弹无法比拟的。

恐怖的杀手

导弹可以携带包括核武器在内的各种弹药。它的攻击是自杀性的,它在炸毁目标的同时也炸毁自己,所以导弹是令人恐怖的杀手。

界限模糊

现在，战略导弹和战术导弹的界限逐渐模糊，而且有的导弹既可以用于战略用途，又可以用于战术用途。比如"战斧"，既有战略导弹型号，也有攻击军舰的战术导弹型号。

兵 器 档 案
"标准" 防空导弹
生产厂商：美国雷声公司
弹长：7.98 米
弹径：0.343 米
翼展：1.57 米
弹重：1 343.6 ~ 1 507.8 千克
射程：64 ~ 120 千米
射高：24.4 千米

被称为"当代潜艇之王"的美国"俄亥俄"级战略核潜艇发射"战斧"巡航导弹。

"标准"导弹

"标准"导弹是美国研制的一种全天候、中远程舰对空导弹，是目前世界上性能最先进、装备数量最多的舰载防空导弹。由于地球的大部分是海洋，因而"标准"导弹也是世界上机动范围最广的防空导弹。

"标准"2导弹在提康德罗加级导弹巡洋舰上发射升空。

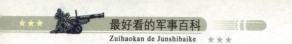

战略导弹

战略导弹是重量级的打击者。作战区域很大,可从一个国家打到另一个国家,也可从一个洲打到另一个洲,我们称它洲际导弹。洲际导弹威力很大,它携带核弹头可以摧毁一个城市甚至一个国家。

速度快

战略导弹最大飞行速度可达每秒 7 千米以上,相当于 20 倍音速,袭击远距离目标所需飞行时间短。如 SS-14 中程导弹,袭击 1400 千米以上的目标,只需 14 分钟,这是任何常规武器难以实现的。

机动性

战略导弹射程通常在 1 000 千米以上,携带核弹头,主要用于打击敌方政治经济中心、军事和工业基地、核武器库、交通枢纽以及拦截对方来袭的战略弹道导弹等重要目标。它可以是弹道式导弹,也可以是巡航导弹,可在基地发射,也可机动发射。

能发射导弹的井状地下仓库——导弹发射井

"确保相互摧毁(MAD)"

诞生于冷战时期的"确保相互摧毁"(MAD)理论认为：一个国家必须把自身的安全建立在对他国的威胁基础之上，而不能仅仅建立在本身的防御上。但任何一方如果加强防御，都会削弱对方的核报复能力，因而也就破坏了相互威慑的基础。

◀ 阿帕奇核弹试爆

"和平卫士"导弹

"和平卫士"导弹是美国第四代战略导弹,由于采用新技术、新材料,其作战性能较以前的型号大大提高,是美国目前性能最先进的战略导弹之一。它具有投掷重量大、反应速度快、精度高、可用多种方式进行发射的特点。

▶ 按照美俄签署的削减核武器的条约,从2002年10月2日开始,美国在怀俄明州沃伦空军基地拆除"和平卫士"MX弹道导弹上的W87弹头。

兵 器 档 案
"和平卫士"（MX）
生产国：美国
弹长：21.6 米
弹径：2.34 米
起飞重量：86.4 吨
弹头重量：2 587 千克
核弹当量：10×50 万吨 TNT
最大射程：12 800 千米
命中精度：90 米鱼雷

"民兵"Ⅲ 洲际导弹

"民兵"洲际导弹是美国研制的一种洲际弹道导弹。它有多种型号,有全新的固体燃料导弹系列"民兵"ⅠA型和B型,还有第二代导弹向第三代的过渡型的"民兵"Ⅱ型;"民兵"Ⅲ导弹是美国战略导弹系统中的第三代洲际弹道导弹。

⬇"民兵"Ⅲ导弹发射升空

装备部署★★★★

"民兵"Ⅲ导弹1970年开始装备美国空军,1975年完成550枚的部署任务,1978年11月结束生产。导弹采用NS-20全惯性制导式子弹头,每个母弹内装有3枚子弹头,导弹动力装置为三级固体火箭发动机,由地下井发射。"民兵"Ⅲ是当前美国陆基核力量的主力,并计划改进服役到2020年左右。

技术改进★★★★

"民兵"Ⅲ导弹是美国第一种装分导式多弹头的地地战略弹道导弹,它的可靠性非常高。其弹头整流罩由钛金属制成,制导与控制技术和"民兵"Ⅰ以及"民兵"Ⅱ相比也得到全面的改善,除此之外,导弹的制导系统也进行了全面的抗核加固,可防核辐射和电磁脉冲效应,这样就有效地提高了导弹在核大战中的生存能力。

推进系统

"民兵"Ⅲ洲际弹道导弹引进一种新的第三节推进火箭，而且也是第一种配置独立多重重返大气层载具的陆基洲际弹道导弹。它的第三级推进火箭比起"民兵"Ⅱ导弹更宽，而且有液态燃料的喷燃口。它的后期推进系统有一具136千克推力的引擎以作前后的移动，另有6具10千克推力的引擎作左右的调整，还有4具8千克推力的引擎在表面喷射以维持旋转。

▲"民兵"Ⅲ洲际弹道导弹的发射路径

▶"民兵"Ⅲ导弹正在发射

兵 器 档 案
"民兵"Ⅲ洲际导弹
类型：分导式多弹头地对地战略弹道导弹
国家：美国波音公司
弹径：1.67米
发射重量：35.4吨
最大射程：9 800 ～ 13 000千米
制导方式：全惯性制导
弹头：分导式多弹头

性能提高

"民兵"Ⅲ洲际弹道导弹可携带7枚10万吨TNT当量的核弹头。其导弹安装的指令数据转换系统，使得导弹改变参数的时间由"民兵"Ⅱ导弹的16～24小时一下子减少到25分钟，可谓突飞猛进。

"三叉戟"Ⅱ型导弹

"三叉戟"Ⅱ型导弹是美国海军第三代潜地弹道导弹。现系美国海军最重要的海基核威慑力量。该弹1990年服役，主要装备"俄亥俄"级核潜艇，每艇载弹24枚，是目前世界上最先进的潜射弹道导弹。

改进型导弹

"三叉戟"Ⅱ型潜射弹道导弹是在"三叉戟"Ⅰ型弹道导弹基础上研制的改进型号，由洛克希德·马丁公司研制。与"三叉戟"Ⅰ相比，"三叉戟"Ⅱ在长度上加长了3米，射程更远，命中精度更高。每枚导弹最多可载12枚分导式弹头，后来根据美俄间的协议，改为限载8枚，可分别攻击8个目标，采用星光惯性制导系统。

▶"三叉戟"Ⅱ型导弹最大射程可达12 000千米，导弹进行了抗核加固，提高了在核战争中的生存能力。

战略核力量的"骄子"

"三叉戟"Ⅱ型潜射弹道导弹其打击诸如地下导弹发射井、加固的地下指挥所等坚固目标的能力要比"三叉戟"Ⅰ型导弹提高3~4倍，因而被誉为美海军战略核力量的"骄子"。目前"三叉戟"Ⅱ导弹已成为美国海军所有弹道导弹核潜艇的标准装备之一，该型导弹的装备将进一步满足美国国家战略威慑政策的需要，使美军具备应对新型武器威胁的能力。

美军添购

2005 年美国海军又添购了 5 枚 "三叉戟" Ⅱ 型导弹，使美国当前拥有的该型导弹总数达到 413 枚。此外，美国还将 "三叉戟" Ⅱ 型导弹的生产延长到了 2013 年，并将采购导弹的总数增加到 540 枚。在 540 枚 "三叉戟" Ⅱ 导弹中，将有 336 枚装备 14 艘核潜艇，其余的用于试射。

兵 器 档 案

"三叉戟" Ⅱ 型导弹

类型：潜射导弹

国家：美国

弹径：2.08 米

发射重量：37.2 吨

最大射程：11 000 千米

命中精度：130 ~ 185 米

制导方式：星光惯性制导

弹头：分导式弹头

"三叉戟" Ⅱ 型导弹发射

"三叉戟" 导弹可以在 30 分钟内从美国海岸发射到莫斯科。

巨大威力

"三叉戟" Ⅱ 型潜射导弹主要用来摧毁强化工事目标，包括陆基洲际导弹发射井及加固的地下指挥控制中枢等。每艘核潜艇所载的 192 个分弹头可以在半小时内摧毁对方 100 ~ 150 个大中型城市或重要战略目标。

"白杨"–M 洲际导弹

"白杨"–M 洲际弹道导弹是俄罗斯20世纪90年代研制并部署的最新战略导弹型号,分固定式和机动式两种。该导弹不仅能以超音速按轨迹飞行,还可在大气层中自由改变飞行轨道,能十分准确地摧毁目标。

备受瞩目

"白杨"–M导弹系统之所以引起世人的关注,主要是因为它所拥有的技术性能优势。该导弹为单弹头式洲际战略弹道导弹,采用多种制导方式,机动性非常出色,既可机动发射也可固定发射。特别值得注意的是"白杨"–M兼容性非常好,对于现有的基础设施只需稍加改造就可以用于发射"白杨"–M导弹。这可使导弹系统装备部队的费用减少一半以上,因此,"白杨"–M导弹成为俄军导弹中备受瞩目的宠儿。

俄军部署"白杨"–M

俄罗斯计划21世纪的陆基战略导弹主要以地下井和公路机动两种方式展开部署。为了尽快完成这项艰巨的任务,1997年俄罗斯首先部署的"白杨"–M导弹就是地下井型,公路机动型"白杨"–M导弹也于1998年开始部署,并逐步替代已达到使用期限的"白杨"导弹。

"白杨"–M洲际导弹

标准化的导弹 ★★★

"白杨"－M 导弹系统是世界上第一种为高防护性的发射井和机动发射车制造的标准化导弹；首次使用了新型试验系统，借助它可检验导弹系统在地面和飞行状态下各系统和组件的工作状态和可靠性，这可大大缩小传统试验规模，同时又不降低导弹系统研制和试验的可靠性。

兵 器 档 案
"白杨"－M 洲际导弹
类型：洲际弹道导弹
国家：俄罗斯
弹径：1.95 米
发射重量：47.2 吨
最大射程：1.2 万～1.5 万千米
命中精度：100 米
制导方式：多种制导方式
弹头：分导式弹头

↑俄罗斯机动型"白杨"－M洲际弹道导弹系统

反侦察能力强 ★★★

"白杨"－M 飞行速度很快，具有很强的隐身和抗干扰能力。其灵活的发射方式极大地提高了它在核战争条件下的生存和反攻击能力，反侦察能力是相当不错的。

突防能力强 ★★★

"白杨"－M导弹的弹头为1.2吨重的单弹头，"白杨"－M导弹上安装有一种能够准确引导和控制的系统，由于在这一系统中采用了新技术，"白杨"－M导弹的核武杀伤因素变得极为稳定，导弹完全没有对电磁脉冲的敏感性，可以毫无问题地发射、飞行并最终击中预定目标。

↑"白杨"M导弹系统突出的性能是它可以在任何发射装置上发射。

弹道导弹

弹　弹道导弹是指在火箭发动机推力作用下按预定程序飞行，关机后按自由抛物体轨迹飞行的导弹。这种导弹通常没有翼，在烧完燃料后只能保持预定的航向，不可改变。为了覆盖广大的距离，弹道导弹必需发射很高，进入高空或太空，进行亚轨道宇宙飞行。

◄ 世界常见中程弹道导弹。依次为流星－3型导弹、烈火导弹、芦洞导弹、大浦洞－1号导弹、高里型导弹和沙欣－2导弹。

分类★★★★

弹道导弹按作战使用分为战略弹道导弹和战术弹道导弹；按发射点与目标位置分为地地弹道导弹和潜地弹道导弹；按射程分为洲际、远程、中程和近程弹道导弹；按使用推进剂分为液体推进剂和固体推进剂弹道导弹；按结构分为单级和多级弹道导弹。

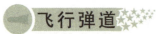

飞行弹道★★★★

弹道导弹的整个弹道分为主动段和被动段。主动段弹道是导弹在火箭发动机推力和制导系统作用下，从发射点起到火箭发动机关机时的飞行轨迹；被动段弹道是导弹从火箭发动机关机点到弹头爆炸点，按照在主动段终点获得的给定速度和弹道倾角作惯性飞行的轨迹。

⬇ 美国和平卫士(MX)洲际弹道导弹的多弹头重返时的景象(远拍)

特点

弹道导弹通常采用垂直发射方式，使导弹平稳起飞上升，能缩短在大气层中飞行的距离，以最少的能量克服作用于导弹上的空气阻力和地心引力。弹体各级之间、弹头与弹体之间的连接通常采取分离式结构，当火箭发动机完成推进任务时，即行抛掉，最后只有弹头飞向目标。为提高和突防打击多个目标的能力，战略弹道导弹可携带多弹头（集束式多弹头或分导式多弹头）和突防装置。

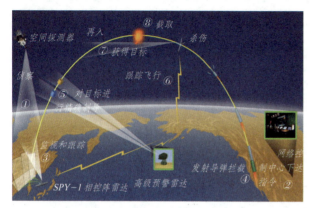

◀弹道导弹工作示意图。弹道导弹发射之前就设定好了程序，在击中目标之前，它们一直在远离地面的高空飞行。它可以是洲际弹道导弹(ICBM)或海基弹道导弹(SLBM)。

制导方式

弹道导弹的制导方式有无线电遥控制导、惯性制导、星光—惯性制导等。无线电遥控制导是早期弹道导弹曾采用的一种制导方式，它易受无线电干扰，地面设备复杂，不能满足现代作战使用要求。惯性制导采用的是惯性测量元件，不受外界干扰。自从20世纪50年代以来，各国研制的弹道导弹，绝大多数采用惯性制导。随着惯性制导技术的不断发展，使弹道导弹的命中精度有很大提高。星光—惯性制导，是在惯性制导的基础上，增加了星光测量装置，利用宇宙空间的恒星方位来判定初始定位误差和陀螺漂移，对惯性制导误差进行修正，进一步提高了导弹的命中精度。

↑SM—3导弹发射

巡航导弹

巡航导弹是指依靠喷气发动机的推力和弹翼的气动升力,主要以巡航状态在稠密大气层内飞行的导弹。巡航导弹主要由弹体、制导系统、动力装置和战斗部组成,它既可以作为战术武器,也可作为战略武器。

巡航状态

巡航状态即导弹在火箭助推器加速后,主发动机的推力与阻力平衡,弹翼的升力与重力平衡,以近于恒速、等高度飞行的状态。巡航导弹的外形与飞机很相像,一般采用空气喷气发动机作动力,可从地面、空中、水面或水下发射,攻击固定目标或活动目标。

AGM-129A(AGM)是美国空军的战略空射巡航导弹,该导弹的最大特点是采用多种隐身技术,使雷达截面积从"战斧"导弹的0.05～0.1平方米降低到0.01平方米以下,因此突防能力大大提高。

早期发展

巡航导弹是在和弹道导弹竞争的过程中发展起来的。20世纪50年代,美国和前苏联都非常重视发展巡航导弹,但由于这种有翼导弹存在许多难以克服的缺陷,如结构笨重,精度低,易被对方雷达发现并遭拦截等,所以在1958年前后大部分退役。为了满足核战争准备及核威慑的需要,美国和前苏联从60年代起转向发展弹道导弹。

现代发展

20世纪70年代初，美国和前苏联又都开始加紧研制现代巡航导弹，一直到70年代后期，巡航导弹才得以迅速发展。目前，巡航导弹已成为美国三位一体核威慑力量的一根支柱，已作为核反击力量和常规攻击力量广泛部署于欧洲前沿防线、海军水面舰艇、潜艇和空军的轰炸机。

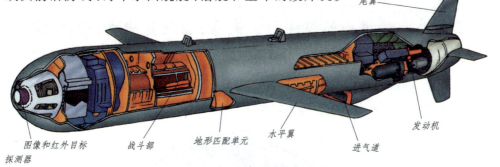

尾翼　水平翼　进气道　发动机　图像和红外目标探测器　战斗部　地形匹配单元

▲ 巡航导弹结构图

▲ "战斧"巡航导弹发射

巡航导弹的特点

巡航导弹体积小，重量轻，便于各种平台携载。但由于飞行时间长、速度低，飞行高度又恰好在轻武器火力网之内，所以很易遭枪弹等非制导常规兵器的拦击。海湾战争中有3枚"战斧"导弹就是这样被击毁的。

巡航导弹的导向

巡航导弹能不能精确命中目标，关键取决于它的制导系统。制导系统就像导弹的眼睛一样，保证导弹准确地攻击到预定的目标。巡航导弹通常采用惯性导航、地形匹配制导、GPS制导和景象匹配制导等组合制导方式。有了精确的制导系统，巡航导弹便可以有选择地攻击高价值的目标，而且还能实现隐蔽飞行和绕道飞行。

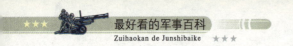

"战斧"巡航导弹

"**战**斧"巡航导弹是美国研制的一种从敌防御火力圈外投射的纵深打击武器,能够自陆地、船舰、空中与水面下发射,主要用于对严密设防区域的目标实施精确攻击。该导弹于1972年开始研制,1983年装备部队,具有低空飞行、命中率高等特点。

⬆一枚 BGM109D
在空中飞行

导弹武器系统

"战斧"巡航导弹是一种技术成熟的导弹武器系统,现在投入使用的有 Block、Ⅲ、C 型(单弹头)、D 型(多弹头)。它们的外型尺寸、重量、助推器、发射平台都基本相同。不同之处主要是弹头、发动机和制导系统。其最大时速891千米,最大高度30千米,低空飞行时,在陆上平坦地区为60米以下,山地为150米,具有很强的低空突防能力。

优越的性能

"战斧"巡航导弹的优点在于飞行速度快,在航行中采用惯性制导加地形匹配或卫星全球定位修正制导,可以自动调整高度和速度进行高速攻击。导弹表层有吸收雷达波的涂层,具有隐身飞行性能,是美国武器库中最有威力的"防空区外发射"导弹。这种巡航导弹的射程可以超过 2 500 千米。雷达很难探测到飞行的"战斧"导弹,因为这种导弹有着较小的雷达横截面,并且飞行高度较低。

"战斧"舰对地巡航导弹

"战斧"舰对地巡航导弹于 1972 年开始研制，1976 年首次试飞，1983 年开始部署在美国海军的攻击型潜艇和水面舰船上。带助推器的导弹长 6.17 米，不带助推器的长 5.56 米，该导弹弹径 527 毫米，由 4 个舱段组成。该弹具有较强的生存能力和攻击能力，会改变高度及速度，进行高速攻击。

兵器档案

"战斧"巡航导弹

类型：巡航导弹

国家：美国

弹径：527 毫米

发射重量：1.2 吨

最大射程：2 500 千米

命中精度：30 米

制导方式：采用惯性制导加地形匹配或卫星全球定位修正制导

弹头：高能弹头

"战斧"巡航导弹，采用惯性制导加地形匹配或卫星全球定位修正制导，射程在 450～2 500 千米，飞行时速约 800 千米。

 "战斧"巡航导弹的命中精度可达到在 2 000 千米以内误差不超过 10 米的程度

"战斧"BGM109C 常规对地攻击导弹

"战斧"BGM109C 常规对地攻击导弹，1981 年年初开始研制，1982 年年初装备潜艇，1983 年 6 月装备水面舰船，主要用来装备攻击型核潜艇和护卫舰级以上的水面战舰，以攻击敌方海军航空兵基地指挥中心、桥梁、油库等陆上重要目标。导弹计划总产量为 2 643 枚，制导系统为惯性导航加地形匹配加数字式景象匹配区域相关器（DSMAC）末制导。导弹配备高能弹头，射程 1 300 千米，巡航高度 15～150 米，巡航速度 0.72 马赫，命中精度小于 10 米。

地对空导弹

对空导弹是指从地面发射攻击空中目标的导弹，又称防空导弹。它最主要的任务就是防守天空，保卫领空的安全。由于地对空导弹的命中精度高、摧毁威力大、机动能力强、覆盖范围广、反应时间快，所以日益成为地面防空的主要武器。

独特之处

地对空导弹是现代防空武器系统中的一个重要组成部分，与一些其他的先进武器相比，地对空导弹有着自己独特的地方。与高炮相比，地对空导弹射程更远、射高更大、单发命中率也比较高；与截击机相比，它反应速度较快、火力更加猛烈、威力更大。

严防密守

地对空导弹可以不受目标速度和高度限制，在高、中、低空及远、中、近程构成一道道严密的防空火力网，能将敌机一步步逼上绝路，在地对空导弹的严密防范和打击下很少有漏网之鱼。

"毒刺"防空导弹发射

↑SA-12导弹跟踪美国F-16"战隼"战斗机

分类方法

　　根据不同的分类标准，地对空导弹可以划分为不同的种类，最主要的分类方法有：按射高分为高、中、低空地对空导弹；按射程分为远、中、近程和短程地对空导弹。尽管如此，各国间的标准也不尽相同，目前多数国家把最大射程在100千米以上的称为远程地对空导弹，20～100千米之间的称为中程地对空导弹，10～20千米的称为近程地对空导弹，10千米以内的称为短程地对空导弹。按照制导方式的不同地对空导弹又可以分为遥控、寻的、复合制导等类型。

广泛应用

　　在20世纪60年代以后的历次局部战争中，地对空导弹被广泛地应用。它的加入使地面防空的效能极大地提高了，这使地对空导弹很自然地晋升为地面防空火力的骨干，构成对突防飞机的最主要威胁，迫使空袭飞机采取低空和超低空突防并寻求在防空火力圈外发射空对地导弹等新的突防样式，从而使空地作战进入了一个崭新的阶段。

↑奈基地对空导弹

"爱国者"防空导弹

在 当今世界的防空导弹中,名气最大的当属美国的"爱国者"防空导弹,也是当今西方国家装备的主流防空导弹。它是美国研制的一种全天候、全空域防空导弹。1965年开始研制,1985年年初装备于美驻德陆军,有PAC-1、PAC-2、PAC-3三个型号。

短小精悍

"爱国者"导弹是美国研制的多用途地对空战术导弹,属美国第四代导弹。用于对付现代装备的高性能飞机,并能在电子干扰环境下击毁近程导弹,拦截战术弹道导弹和潜射巡航导弹。"爱国者"导弹长约5.31米,弹径约0.41米,弹重1吨,最大飞行速度达到6倍音速,最大射程达80千米,战斗部为高能炸药破片杀伤型,虽然身形短小却无比强势。

美国最先进的战区导弹防御(TMD)的专用防空导弹"爱国者"PAC-3。

兼容型导弹

"爱国者"导弹是一种防空、反导兼容型导弹。它最初并不是为了拦截敌方弹道导弹而研制的，但由于"爱国者"导弹具有一系列先进的侦测及操作系统，其跟踪锁定目标和发射导弹完全由电脑自动化控制，再加以卫星预警和数据传输系统，经过雷神公司的改进之后，使之成为具备拦截战术弹道导弹能力的防空导弹。

➡ 这个流动发射器一次可发4枚爱国者PAC-2型导弹。

🔼 "爱国者"对弹道导弹的拦截空域小(拦截射程只有10～30千米，拦截射高只有5～8千米)，命中率低。

声名鹊起

"爱国者"防空导弹在1991年的海湾战争中声名鹊起。在这场战争中，伊拉克发射的"飞毛腿"导弹有80%被它成功拦截。

兵 器 档 案

"爱国者"防空导弹

类型：地对空导弹

国家：美国

弹径：0.41米

弹重：1 000千克

最大射程：80千米

制导方式：中途惯性导引加上终端主动雷达导引

弹头：高能炸药破片

备受青睐

"爱国者"导弹在1991年海湾战争中发挥了重要作用，由于这次战斗中的惊人表现，海湾战争后，"爱国者"导弹出口量突然大增，以色列以及一些中东国家也加紧部署、完善以"爱国者"为主导的防御网。

"毒刺"防空导弹

"**毒**刺"导弹原名"红眼睛"Ⅱ，是一种单兵便携式防空导弹，导弹型号为 FIM-92A。它采用被动光学双色寻的头，有较强的抗红外线干扰能力，能全方位攻击高速、低空和超低空飞行的飞机和直升机，可靠性高、操作使用非常简便。

第二代便携式防空导弹

1971 年，美国陆军选择了"红眼睛"Ⅱ当做未来的便携式防空导弹，型号为 FIM-92。这个"先进导引头计划"（ASDP）后来被提高了，1972 年 3 月，"红眼睛"Ⅱ被重新命名为"毒刺"，被称为第二代便携式防空导弹。"毒刺"设计使用一个更灵敏的导引头和拥有更好的动力学性能，增加迎头交战能力和一个综合"敌我识别"（IFF）系统。

批量生产

1978 年，经过一系列试验之后，"毒刺"导弹终于被批准生产。1978 年 4 月，通用动力公司获得第一份合同用于 FIM-92 A 导弹的批量生产。1979 年批量生产启动并且同一年第一批生产型开始交付。"毒刺"导弹开始逐渐替换旧的 FIM-43"红眼睛"导弹。

"毒刺"防空导弹发射

"毒刺"–POST

↑"毒刺"防空导弹

1977 年,通用动力公司开始研制采用"被动光学导引头技术"(POST)的第三代"毒刺"–POST(FIM-92B)。这种寻的制导头采用一种红外/紫外双色玫瑰花形扫描引导技术,能收集更多的信息,用红外、紫外能量比率鉴别红外干扰和不利背景源,大大提高了对目标的探测能力和抗红外干扰能力,极大地增强了"毒刺"导弹的作战性能。"毒刺"–POST 从 1983 年开始小批量生产,1987年 7 月开始在美国陆军部署。

兵器档案

"毒刺"防空导弹

类型:肩射防空导弹

国家:美国

弹径:70 毫米

弹重:10.13 千克

最大射程:8 000 米

发射方式:单兵便携式

弹头:爆炸破片式

↑"毒刺"导弹具有 360°全向攻击能力,可以应对任何方向的袭击。

"毒刺"BLOCK II

1996 年开始发展最新型"毒刺"BLOCK II,也就是先进型"毒刺"。采用新型焦平面阵列(FPA)红外成像导引头,也被称为小直径成像导引头(SDIS),增加了探测距离和精确性,同时也增加探测距离和有效射程,达到大约 8000米(26 000 英尺)。

"萨姆"-6 防空导弹

"萨姆"-6防空导弹（SA-6）是苏联研制的机动式全天候近程防空导弹武器系统，它是由拉沃契金地对空导弹设计局在德国"瀑布"地对空导弹的基础上发展起来的，用于师级野战防空，主要攻击中、低空亚音速和跨音速飞机以及巡航导弹。

导弹命名

"萨姆"系列防空导弹由苏联于1948年开始研制，最早的型号是"萨姆"-1防空导弹。"萨姆"是北约给前苏联导弹起的代号，而苏联命名时使用字母C，而俄语字母C对应英语字母S，"萨姆"（SA）是SANM的缩写。据不完全统计，目前，约有20多个国家装备了苏制"萨姆"-6导弹。

全武器系统由一部3联装导弹发射车和一部制导雷达车组成

导弹的特点

"萨姆"-6导弹的特点：制导雷达采用多波段多频率工作，抗干扰能力强；导弹采用世界首创的固体火箭和冲压一体化发动机，性能稳定；杀伤概率高，反应速度快；采用三联倾斜发射，火力密度较大；采用全程半主动雷达寻的制导，命中精度高。

主要缺点

"萨姆"-6 导弹的主要缺点是制导系统技术不是很先进，采用了大量电子管、体积大、耗电多、维修不便和操作自动化低等。此外，"萨姆"-6 的发射车上没有制导雷达，一旦雷达车被击毁，整个导弹连就丧失了战斗力。

"萨姆"-6导弹采用固冲一体化发动机，使推力提高了 4~5 倍。这种发动机在世界上首次用于导弹，是导弹动力装置的一大突破。

"萨姆"-6发射升空

兵器档案

"萨姆"-6 防空导弹

类型：防空导弹

国家：前苏联

弹径：0.34 米

最大射程：25 千米

制导方式：全程半主动雷达

发射方式：三联倾斜

弹头：烈性炸药

名噪一时

"萨姆"-6 在第四次中东战争中有出色的表现。在历时 18 天的战争中，以色列被阿拉伯国家击落的 114 架飞机中，有 41 架是"萨姆"-6 击落的，因而名噪一时。

"安泰"-2500 地对空导弹

"安泰"-2500 (Antey-2500)地对空导弹系统是俄罗斯研制的新一代反导与反飞机防御系统。它是目前世界上唯一一种既能有效对付射程达2500千米的弹道导弹、又能拦截各种飞机和巡航导弹的综合性防空武器系统。

系统组成 ★★★★

"安泰"-2500地对空导弹系统是俄罗斯安泰科学生产联合体在S-300V地对空导弹系统基础上研制出的新一代地对空导弹系统，它分为控制系统和导弹两大部分。控制系统包括：9S15M2型全景扫描雷达车、9S19M型扇形区域扫描雷达车、9S457M型指挥车（中心）和9S32M型多通道导弹引导雷达车等分系统。两种导弹是俄罗斯"革新家"设计局研制的9M82M和9M83M型导弹。

◄ "安泰"2500导弹可拦截各种飞机，同时，射程在2500千米以内、飞行马赫数在13以下的各型弹道导弹也是它的"盘中餐"。

两种导弹

"安泰"-2500系统采用的9M82M和9M83M型导弹分别是S-300V导弹系统使用的9M82和9M83型导弹的改进型,它们保留了原导弹的重量及外形特性、制导方式及作战模式。改进型射程更远,对付各种战术和战役战术弹道导弹及巡航导弹的效能进一步提高。这两种导弹都采用固体推进剂,两者的区别是第一级推进段的大小不同,飞行速度及射程覆盖范围不同。

重要功能

★ 兵器档案 ★

"安泰"-2500导弹

类型:防空导弹系统

国家:俄罗斯

最大射程:200千米

"安泰"-2500防御系统主要用于执行国土防空任务,也可用于保卫国家政治经济中心、首脑机关、军事要地、交通枢纽和其他重要目标免遭敌轰炸机、歼击轰炸机、对地攻击机、巡航导弹乃至弹道导弹的打击。此外,它还可以执行野战防空任务。

目前,世界上还没有能与"安泰"-2500这种能拦截射程2 500千米弹道导弹武器系统相提并论的武器,它是一种独一无二的战区导弹防御系统,未来能与"安泰"-2500一争高低的是美国的战术导弹防御系统。

"箭"-2 导弹

以 色列"箭"-2 导弹系统被称为世界上第一种实用型战区弹道导弹防御系统,它由以色列和美国联合研制,主要以反战术弹道导弹为主,是兼顾反飞机、反巡航导弹的超高空地对空导弹武器系统。

"箭"-2导弹的拦截高度为 10 ~ 40 千米,作战距离为 90 千米,杀伤概率达 90%,具有一定的低层防御能力,目前已具备作战能力。

飞行与拦截试验

1995 年 7 月 30 日,"箭"-2 导弹首次飞行试验成功。1996 年 8 月 20 日,首次成功地进行了"箭"-2 导弹系统拦截试验。在二次飞行试验中,导弹首次成功地拦截了一枚雷达散射截面积和有效载荷均与"飞毛腿"导弹相仿的"箭"-1 导弹。1998 年 9 月 14 日,在导弹第六次飞行试验中导弹第三次成功拦截了一枚靶弹,这也是整套系统首次投入试验。

正式部署

2000 年 3 月 14 日,以色列正式开始部署"箭"-2 战区弹道导弹防御系统;2000 年 10 月 17 日,以色列国防军发表声明称,以色列同美国联合研制的"箭"-2 战区弹道导弹防御系统从即日起正式开始战备值班,至此这项历时 12 年之久的发展计划终于结出果实,以色列也因此成为世界上第一个部署战区弹道导弹防御系统的国家。

实战部署

2003年1月伊拉克战争爆发前夕，"箭"-2导弹第一次进行了实战性部署，以色列在全国境内部署了9个地对空导弹连队，应对伊拉克在遭到美国军事打击时发动的报复性袭击。这9个地空导弹连由7个"爱国者"导弹连和2个"箭"式导弹连组成。

兵器档案

"箭"-2导弹
类型：弹道导弹防御系统
国家：以色列
弹径：800毫米
发射重量：1 300千克
最大射程：90千米
弹头：高爆破片式

⬆ "箭"-2的发射过程

不断发展

2005年，以色列航空工业公司与波音公司共同开发的"箭"-2/Block 3导弹首次试验成功。目前，以色列正在进行"箭"式导弹系统的重新配置与部署，以便拥有一个指挥控制中心，并在以色列境内部署大量雷达系统和分散的发射基地，从而弥补以色列国家导弹防御系统的缺陷。

⬆ "箭"-2导弹发射

空对地导弹

空对地导弹是从飞行器上发射攻击地（水）面目标的一种导弹，是现代航空兵进行空中突击的主要武器之一。空对地导弹主要由弹体、制导装置、动力装置、战斗部等组成。攻击的目标包括地面有生目标、装甲战斗群、地面战略目标等。

早期的空对地导弹

　　空对地导弹最初是航空火箭与航空制导炸弹相结合而产生的。德国首先研制出世界上第一枚空对地导弹，它的主要设计者是赫伯特·A·瓦格纳博士。1940年7月，瓦格纳等人在SC-500型普通炸弹的基础上，研制了装有弹翼、尾翼、指令传输线和制导装置的HS-283A-0，它可看作是最早的空对地导弹，于1940年12月7日发射试验成功。

▶A-4天鹰式攻击机装载的AG-M12小牛犬导弹。AGM-12小牛犬导弹是在美国海军与美国空军同时服役的第一种空对地导弹。

首次击沉敌舰

1943年7月无线电遥控的 HS-293A-1型导弹研制成功。1943年8月27日，德国飞机发射 HS-293A-1击沉了美国"白鹭"号护卫舰，这是世界上首次用导弹击沉敌舰。20世纪50年代后，空对地导弹有了迅速发展，在此后的多次局部战争中，空对地导弹取得了不错的战绩。

⬆AGM-130空对地导弹。在美英对伊拉克的空袭中，美国空军第一次在实战中使用了 AGM-130导弹。

性能

与航空炸弹、航空火箭弹等武器相比，空对地导弹具有较高的目标毁伤概率，机动性强，隐蔽性好，能从敌方防空武器射程以外发射，可减少地面防空火力对载机的威胁。但其造价高，使用维修复杂。

⬆UH-60黑鹰直升机发射企鹅反舰导弹

F-4鬼怪II战斗机装载的 AG-M12小牛犬导弹

分类

空对地导弹有多种分类方法。按作战使用分，有战略空对地导弹和战术空对地导弹；按用途分，有反舰导弹（空舰导弹）、反雷达导弹、反坦克导弹、反潜导弹（空潜导弹）及多用途导弹；按飞行轨迹分，有弹道式空对地导弹和机载巡航导弹；按射程分，有近程、中程、远程空对地导弹。此外，还可按制导方式、发射方式、动力装置类型等进行分类。

"小牛"空对地导弹

"小牛"AGM65 空对地导弹是美国为空军、海军及海军陆战队研制的空对地导弹，主要用于攻击坦克、装甲车、炮兵阵地、海上舰船等地面和水面目标。该导弹于 20 世纪 60 年代中期开始研制，1971 年生产，现有 A、B、C、D、E、F、G、H 等多种型号。

装备情况 ★★★★★

A、B、D、G 型分别于 1972 年、1975 年、1983 年和 1991 年用于装备空军，E 型于 1985 年用于装备海军陆战队，F 型于 1989 年用于装备海军。除 C 型和 GM-65H 未进入现役，其余型号均在服役，并大量外销出口。

🔺装备 AGM65 小牛导弹的 A-10 雷电攻击机

🔺"小牛"AGM65 导弹的电视制导方式受天气情况的制约，在恶劣情况下命中精度不高。

作战能力强 ★★★★★

由于"小牛"系列导弹能根据作战要求，由不同的载机选择适用的导弹型号，因而具有全天候、全环境作战能力，抗干扰性能好，可靠性高，广泛用于现代战争，尤其是 20 世纪 90 年代由美国牵头发动的四次高技术局部战争，取得较好战绩。

各种作战方法

各型"小牛"AGM65 空对地导弹的作战使用方法不尽相同。A、B 型需在驾驶员截获目标后,开启"小牛"导弹摄像机并锁定目标,然后发射。导弹发射后载机可自由机动。C、E 型需激光照射器一直照射目标,直到命中。D、F、G 型更简单一些,只要使导弹导引头对准目标即可发射,载机可在飞行中改变航向,跟踪活动目标,也可快速连续发射。

不同制导

"小牛"AGM65 空对地导弹的各型号外形相同,差别是采用不同导引头:A 型电视制导;B 型图像放大电视制导,对目标分辨率高,攻击精度高;C、E 型激光制导,需利用空中或地面激光器照射和指示目标;D、F、G 采用红外图像制导,红外导引头可感受微小的温差,对已停止工作几小时的热源目标和非热源目标有良好的发现和跟踪能力,对隐蔽和伪装的目标也有良好的识别能力。这种导弹靠自身导引头捕捉目标,具有"发射后不管"的能力。

兵器档案

"小牛"空对地导弹

类型:空对地导弹

国家:美国

弹径:305 毫米

弹重:210 千克 (A、B 型);220 千克 (D 型);293 千克 (E 型);307 千克 (F、G 型)

最大射程:43.4 千米 (D、E、F、G 型)

制导方式:电视制导 (A、B 型);红外制导 (D、F、G);激光制导 (E 型)

弹头:高爆炸药

↑ F-16 发射"小牛"AGM65 空对地导弹

实战应用

在海湾战争中,多国部队的 A-6、A-10、AV-8B、F-16、F-4G、F/A-18 等飞机共发射了 5 000 多枚"小牛"式空对地导弹,发射成功率约为 80% ~ 90%,取得较好的战果,总共摧毁 1 000 辆坦克、2 000 辆其他车辆、1 300 门火炮。

"哈姆"反辐射导弹

美 国的"哈姆"反辐射(旧称反雷达)导弹是当今世界上反辐射导弹中的佼佼者。它通过探测并跟踪敌雷达波束,毁坏敌方装备有雷达的综合防空系统。"哈姆"反辐射导弹于1974年4月开始研制,1983年5月开始服役,主要供美国空军和海军飞机使用。

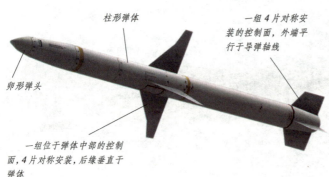

柱形弹体

一组4片对称安装的控制面,外端平行于导弹轴线

卵形弹头

一组位于弹体中部的控制面,4片对称安装,后缘垂直于弹体

作战方式

"哈姆"反辐射导弹有预定程序、自卫攻击、随机攻击3种作战方式。

◀ "哈姆"导弹具有记忆功能。导引头锁定目标后,即使雷达关机,导弹自主式导引头仍能"记忆"锁定并攻击目标。

预定程序、自卫攻击和随机攻击

预定程序:这种方式主要对付已知雷达种类和位置的目标,导弹向已知方位的目标雷达发射,并按预定程序寻找和攻击目标;导弹发射后,载机不再发出指令,导弹有序地识别辐射源,并锁定到威胁最大或预先确定的目标雷达上。自卫攻击:机载威胁告警系统探测到目标雷达信号后,计算机适时进行分类、识别、评定威胁等级,确定目标后,向导弹发出数字指令,装定好有关参数,飞行员即可发射导弹,导弹自动锁定目标;即使目标在导引头的视野之外,也可以发射导弹;发射后的导弹按预定方式飞行,直到发现要攻击的目标。随机攻击:载机在飞行过程中,对导弹导引头接收到的未预料到的目标辐射源实施攻击。

优点突出

与其他同类型导弹相比较，"哈姆"反辐射导弹的优点突出：它的反应与攻击速度快、射程远、导引头频带宽（一种导引头就能覆盖主要防空雷达波段）、攻击目标多，且在采用自卫攻击方式时，可自动和离轴发射，攻击目标；改装十分容易，只须改变软件就能对付今后出现的新雷达；可转向 180°攻击载机后方目标；采用复合制导方式，具备抗目标雷达突然关机和一定的抗电子干扰能力；战斗部采用高能炸药及钨合金立方体，杀伤力强；能按程序自主地在目标上空盘旋，根据检测到的雷达信号，自动选择威胁最大的目标进行攻击，甚至可以无定向飞行和盲射。此外"哈姆"B、C型反辐射导弹在采用吸波隐身材料后，雷达辐射面仅 0.001 平方米，突防能力很强。由于"哈姆"反辐射导弹的这些特点，使它自诞生以来，一直是反辐射导弹之中的佼佼者。

"哈姆"射速高，射程远，最大速度为 3 马赫左右，可最大限度压缩敌方反应时间，攻击距离为 25 千米。

实战应用

"哈姆"导弹在现代战争中应用较多，两伊战争中，伊拉克使用该型导弹攻击伊朗美制霍克地空导弹制导雷达，发射 8 枚，7 枚命中目标。海湾战争期间，英军使用"狂风"战斗机携载该型导弹攻击伊军雷达，发射 100枚，命中 90 枚，命中率高达 90%。

兵器档案

"哈姆"反辐射导弹
类型：空对地反辐射导弹
国家：美国
弹径：25.4 厘米
发射重量：360 千克
最大射程：25 千米
杀伤半径：30 米
制导方式：被动雷达制导
弹头：高爆炸药

空对空导弹

空对空导弹是从飞行器发射攻击空中目标的导弹,是现代作战飞机的主要空战武器。它具有反应快、机动性能好、尺寸小、重量轻、使用灵活方便等特点。空对空导弹与机载火控系统、发射装置和检查测量设备构成空对空导弹武器系统。

导弹组成

空对空导弹主要由制导装置、战斗部、动力装置和弹翼等部分组成。制导装置用以控制导弹跟踪目标,常用的有红外寻的、雷达寻的和复合制导等类型。战斗部用来直接毁伤目标,多数装高能常规炸药,也有的用核装药。动力装置用来产生推力,推动导弹飞行,空对空导弹多采用固体火箭发动机。目前和未来的一些新型空对空导弹(如"流星")采用冲压喷气发动机,具有更好的机动性。弹翼用以产生升力,并保证导弹飞行的稳定。

"魔术"-2空对空导弹。"魔术"-2型导引头可与机上雷达同步,发射前即已跟踪目标,具有自主发射、昼夜作战和全向攻击能力。该导弹曾参加过海湾战争。

工作原理

导弹在截获目标并满足其他发射条件后被发射,脱离载机,一部分火箭发动机工作一定时间便停止,导弹便开始进入惯性飞行阶段。在飞行过程中,制导系统不断测量、计算目标与导弹的相对位置,由偏差形成控制信号,使舵机工作,操纵舵面偏转,控制导弹飞向目标。当导弹接近目标并且符合引信工作条件时,引信就会引爆战斗部,毁伤目标。

发展方向

一是射程越来越远。欧洲各国联合研制的"流星"空对空导弹射程是普通空对空导弹的2倍以上；二是攻击范围越来越大。现在空对空导弹把"全向发射"作为一个重要发展目标，即导弹可以向后发射，攻击载机后方目标，或者导弹向前发射后，从载机上部飞过，攻击载机后方目标；三是抗干扰能力越来越强；四是机动能力越来越强。随着各种技术的改进，新型空对空导弹的机动能力将达到60G（重力加速度），飞机一旦被其锁定便很难逃脱。

装载6枚AIM-54不死鸟空对空导弹的F-14战斗机。

目标探测系统

空对空导弹之所以发射后能跟踪目标，是因为它有目标探测系统，也就是我们通常所说的导引头以及控制导弹转向的飞行控制系统。导弹发射后，导引头锁定跟踪目标，并把目标的运动方向、速度等信息实时传送给导弹的飞行控制系统，从而控制导弹飞向目标。

美国早期使用核弹头的空对空导弹 AIR-2A

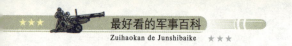

"阿姆拉姆"空对空导弹

"**阿**姆拉姆"空对空导弹是美国研制并装备的第四代先进中距空对空导弹,采用主动雷达制导,发射后不用管,可同时拦截多个目标。该导弹于1991年首先进入美国空军服役,有10多个国家装备,载机为美国及北约的各种新型战斗机。

AIM-120

作为"阿姆拉姆"空对空导弹家族的成员之一,AIM-120是美国研制的第一款主动雷达制导视距外空对空导弹,十几年来衍生了A、B、C、D四种型号,是世界多国空军争相采购的武器。1991年首先进入美国空军服役,1993年进入美国海军服役。

🔺美国F-15战斗机发射AIM-120型"阿姆拉姆"中距空对空导弹

"发射后不管"

AIM-120是一种"发射后不管"的先进中距空对空导弹,它首次使用便取得战果,揭开了世界空战史上新的一页。在此之前的超视距空战,由于大多采用半主动雷达制导的导弹,发射导弹后,载机必须保持对目标的跟踪和锁定,直至击中目标。在这段时间里,载机基本上不能有大动作,这对载机和飞行员的安全是极大的威胁,因为被敌方击中的机会很大。

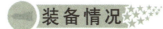

兵器档案

"阿姆拉姆"

类型：空对空导弹

国家：美国

弹径：178 毫米

弹重：152 千克

最大射程：75 千米

制导方式：惯性制导加主动雷达末端制导

弹头：高爆炸药

▶ 装备情况

迄今为止，雷神公司已经交付了各型 AIM-120 导弹约 12 000 枚。该导弹现已装备的飞机有：美国的 F-15、F-16、F/A-18，德国的 F-4F，英国的"海鹞"，瑞典的 JA-37"龙"和 JAS-39"鹰狮"等。

▶ 装备了 AIM-120 导弹的两架 F-16

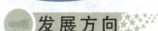

◀ 准备安装的 AIM-120 导弹的一架 F/A-18"大黄蜂"战斗机

▶ 发展方向

其一是加装一种新的双向数据链，获得第三方提供的瞄准能力，从而提高导弹的命中精度。提供瞄准能力的第三方可以是除 F-35 联合攻击战斗机之外的地面探测器，也可以是其他机载探测器。其二是通过换装更大的发动机，增大 AIM-120 地面发射型的作用距离。此外，美国陆军和海军陆战队也有采用先进中距空对空导弹作为地面发射导弹的计划。

"响尾蛇"空对空导弹

"响尾蛇"导弹是世界上第一种红外制导空对空导弹。红外装置可以引导导弹追踪热的目标，如同响尾蛇能感知附近动物的体温而准确捕获猎物一样，主要用于对付低空、超低空战斗机、武装直升机，以保卫机场、港口要地，也可用于对付巡航导弹等。

研究历史

1949 年，美国福特航宇通讯公司和雷锡恩公司开始研制近距空对空导弹。经过几年研究，导弹于 1953 年试射成功。1955 年开始装备美国空军，并将其命名为"响尾蛇"。1962 年，为了统一名称，美军给"响尾蛇"空战导弹一个正式的编号 AIM-9，基本型号是 AIM-9B，相继有 AIM-9C、9D、9G、9H、9E、9J、9N、9P、9L、9M 等 10 多种改进型，总共生产了 10 万多枚。时至今日，"响尾蛇"成为世界上产量最大的红外制导空对空导弹，也是实战中被广泛使用的少数导弹之一，参加过越南战争、马岛冲突和海湾战争。

装备 AIM-9X 的 F-15

AIM-9X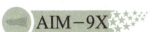

　　AIM-9X 是"响尾蛇"导弹系列中的最新改进型。这种新型导弹与"响尾蛇"的其他任何型号都不相同，它弹身细长，没有弹翼，只有 4 个很小的矩形尾翼。AIM-9X 采用雷锡恩公司和休斯公司研制的先进焦平面阵列导引头，具有很强的抗红外干扰能力和良好的在杂波条件下的目标采集能力。

兵 器 档 案

"响尾蛇"空对空导弹	
类型：	红外制导空对空导弹
国家：	美国
弹径：	156 毫米（AIM-9M）
弹重：	85 千克
最大射程：	15 千米
杀伤半径：	6 ~ 8 千米
制导方式：	红外寻的制导
弹头：	破片杀伤

　　↗"响尾蛇"导弹采用推力矢量控制技术和红外焦面阵导引头，具有更强的机动能力和离轴发射能力，是美军近年的王牌主力杀手。

　　➡ AIM-9"响尾蛇"导弹是世界上第一种红外制导空对空导弹，它的出现甚至影响了一代战斗机的设计。图为 AIM-9L。

AIM-9L

　　AIM-9L 是美国吸取越南战争的教训，于 20 世纪 70 年代初期开始研制的具有全向攻击能力的第三代"响尾蛇"空对空导弹。该弹的外形与 AIM-9B 相似，舱段布局与 AIM-9D 相同，而弹翼和陀螺舵则与 AIM-9H 一样。其导引头采用氩制冷的锑化铟探测器，探测灵敏度较高，导弹能从前半球攻击目标，攻击角大于 90°。

"麻雀"空对空导弹

AIM -7"麻雀"空对空导弹是美国研制的一种中程雷达半主动制导空对空导弹。从20世纪50年代末到90年代,"麻雀"导弹及其后来的各种改进型号长期作为西方国家主力超视距空战兵器,并在战争中广泛使用。

导弹特点

　　作为二代空对空导弹的代表,"麻雀"导弹奠定了现代中距空空导弹的基本设计布局:导弹更细长,减小了飞行阻力,使得导弹无需采用大推力引擎就能获得较高速度和较远航程;选择雷达半主动制导技术使得导弹在可靠性和命中精度之间获得了较好平衡。因此后续的中距空空导弹都采用类似布局。"麻雀"导弹历经多次改进并衍生出一大批不同型号的导弹。

F-15发射AIM-7"麻雀"导弹

"麻雀"的编号

　　1963年美国海军和空军经过沟通同意制定统一的导弹编号命名规则来改变导弹命名混乱的情况。于是"麻雀"系列被重新赋予编号为 AIM-7,该编号一直沿用至今。其中最初的"麻雀"I 被命名为 AIM-7A 导弹,"麻雀"II 被命名为 AIM-7B 导弹,而后续的新型导弹则分别被命名为 AIM-7C、AIM-7D 导弹。

"狗斗麻雀"

1969年，AIM-7E导弹开始服役，为了能在近距离空中格斗中派上用场，AIM-7E导弹的引信做了很多改进，因此导弹被戏称为"狗斗麻雀"。通过上述改进，AIM-7E型导弹增强了近距离作战能力，使得导弹在视线距离内仍能跟踪高速空中目标，并且保留了迎头攻击能力，使导弹在近距离空中格斗中大显身手。

AIM-7E在D型基础上加大了近3倍射程及可装备于部分先进战机上

AIM-7"麻雀"导弹采用半主动雷达波制导

AIM-7F

20世纪70年代，伴随着麻雀导弹在越战中使用经验的积累以及电子技术的进步，新一代AIM-7型导弹的研发开始了。新一代麻雀导弹尝试突破以往对于雷达制导空空导弹的各种限制。其中AIM-7F型导弹于1976年开始服役，它的动力段配备了两级火箭发动机，发射距离有了很大提高；导引控制段由固态电子元器件组成，可靠性有了提高；此外还换装了大威力的战斗部。

★ 兵 器 档 案 ★

"麻雀"空对空导弹

类型：空对空导弹

国家：美国

弹径：203毫米

弹重：178千克（AIM-7D）

最大射程：15千米（AIM-7D）

命中精度：低于40%（AIM-7D）

制导方式：半主动连续波雷达（AIM-7D）

弹头：高爆炸药（AIM-7D）

"不死鸟"空对空导弹

"不死鸟"AIM-54A空对空导弹是第二次世界大战后美国研制并装备使用的第一个远距空对空导弹型号，也是第二次世界大战后世界上最先进入现役的、具有"发射后不管"和多目标攻击能力的远距空对空导弹。该导弹已形成一个系列，共有AIM-54A、B、C三个型号。

防空远程武器

作为世界上曾经技术最先进的战术空对空导弹，"不死鸟"是第一种雷达制导的空对空导弹，一架飞机可同时发射多枚"不死鸟"以对付不同的目标。美海军一直将该型导弹作为舰队主要的防空远程武器。

🔺 携带6枚AIM-54导弹的F-14战斗机

攻击多个目标

"不死鸟"是一种远距离、全天候、全空域、超音速机载武器系统，1974年开始服役，美国主要装备在F-14、F-111战斗机上，用于攻击来袭的超音速轰炸机和巡航导弹，控制空域和保卫舰队安全。不死鸟导弹配合飞机上的火控系统，可同时跟踪攻击6个目标。F-14曾在试验中用6枚"不死鸟"击落不同方向、不同高度的6个目标，从而震惊了世界。

⬆ "不死鸟"导弹轰击一架F-4鬼怪Ⅱ战斗机

攻击能力强

该导弹采用边跟踪边扫描发射、单目标跟踪发射、空战中机动发射等3种发射方式，能有效地攻击多种目标，特别是小目标和低空目标。在严重的电子干扰或恶劣气候条件下，仍具有较高的攻击能力，其攻击区较大，杀伤率较高。

⬆ "不死鸟"导弹采用正常气动布局，在弹翼的后方是4个矩形的舵翼。

⬆ F-14发射"不死鸟"AIM-54导弹

兵器档案

"不死鸟"空对空导弹

类型：雷达制导空对空导弹

国家：美国

弹径：38厘米

弹重：447千克（AIM-54A）

最大射程：150千米（AIM-54A）

制导方式：半主动连续波雷达制导加主动雷达末端制导

弹头：高爆炸药

战绩平平

尽管"不死鸟"在历次试验和演习中性能出众，但在诞生后几十年的实战中战绩平平。据其海外的唯一用户伊朗报道，"不死鸟"仅仅击落过屈指可数的几架老式"米格"战机，实战表现远不如"响尾蛇"和"麻雀"等空对空导弹。在1991年的海湾战争期间，"不死鸟"曾白白丢掉了击落伊拉克战机的绝好机会。

反舰导弹

反舰导弹是专门用来打击军舰等水面目标的导弹,依据发射平台和运载工具的不同,可分为空对舰、舰对舰、岸对舰和潜对舰等多种类型。新研制的反舰导弹大多数实现了通用化,即一种基本型有多种不同的发射方式,目前已发展到第四代。

早期发展

前苏联是世界上最早研制反舰导弹的国家。20世纪50年代至60年代,前苏联为了从岸上、空中和海洋沉重打击美国海军的航空母舰、战列舰和巡洋舰等大中型水面舰艇,研制了第一代反舰导弹。1959年,世界上第一枚装备使用的反舰导弹是苏制SS-N-1。

SS-N-2"冥河"式反舰导弹

从战斗机上发射的空射型反舰导弹

经典战例

1967年10月21日,埃及使用"蚊子"级导弹艇向以色列的驱逐舰"埃拉特"号发射了SS-N-2"冥河"式反舰导弹,击沉了该舰并导致多人伤亡。这是世界上第一个用反舰导弹击沉水面舰艇的战例。"冥河"导弹击沉驱逐舰的事件发生后,开始引起世界各国的高度关注,于是兴起了一股发展反舰导弹的热潮。

迅速发展

　　20世纪70年代是反舰导弹发展的一个高峰，美、苏、法、意和挪威等国相继研制了一批性能较高的第二代反舰导弹，其主要型号有"鱼叉"、SS-N-12、"飞鱼"、"奥托马特"等。80年代以来，随着高新技术的不断发展和运用，反舰导弹的战术技术性能有了很大提高，这一时期发展的第三代反舰导弹主要有：美国的"战斧"、前苏联的SS-N-22、法国的SM-39潜射型"飞鱼"、英国的"海鹰"、"海上大鸥"、瑞典的RBS-15等。

▶ 米彻尔号驱逐舰发射一枚"鱼叉"反舰导弹

主要特点

　　第一代反舰导弹的主要特点是战斗部装药量大，穿甲能力强，但飞行弹道高，体积大，抗干扰能力差，反应时间长，不太适宜攻击小型舰艇，且只能用于岸、舰发射。第二代反舰导弹的特点是体积小，可掠海飞行，反应时间短，能用飞机、舰艇、潜艇发射，但射程较近，一般都不到100千米，抗干扰能力也较差。第三代反舰导弹的特点是反应时间短，射程增大到500千米以上，一般也能进行中距攻击；能在水面舰艇和潜艇上垂直发射，并且还能够进行重复攻击，抗干扰能力也普遍增强。

"鱼叉"反舰导弹

"鱼叉"反舰导弹是美国麦道宇航公司研制的一种全天候高亚音速巡航式中程反舰导弹,可由飞机、水面舰艇和潜艇等多种平台搭载。该导弹有很强的抗干扰能力。在现有同类反舰导弹中,"鱼叉"导弹在海战中使用得最多。

◀ RGM-84"鱼叉"正从美国海军
"莱希"号巡洋舰上发射升空

★ 兵 器 档 案 ★

"鱼叉"反舰导弹

类型:反舰导弹

国家:美国

弹径:344 毫米(AGM-84)

发射重量:522 千克(AGM-84)

最大射程:120 千米(AGM-84)

制导方式:中段惯性制导和末段主动雷达制导

性能优势★★★

"鱼叉"导弹之所以在反舰导弹市场竞争中保持经久不衰的霸主地位,是因其具有一系列的性能优势。首先,它实现了一弹多用,可从多种平台上发射。第二,该弹适应性好,可从多种已有发射架上发射。第三,该弹具有潜隐式进气口,进气口潜隐在弹体内,适于潜艇标准鱼雷管发射。第四,潜射时采用无动力运载器,水下发射运行无声音,攻击时有很好的隐蔽性。第五,抗干扰能力强,由于采用频率捷变末段主动雷达制导,导弹有很强的抗干扰能力。

初露锋芒

在历次战争中，"鱼叉"导弹有着不俗的表现。"鱼叉"导弹第一次使用是在两伊战争期间，美军用该导弹在波斯湾攻击伊朗海军舰艇。最初用 4 枚 RGM-84 击毁一艘伊朗快艇。另外，一艘伊朗的"萨汉德"号护卫舰被从航空母舰上起飞的 A-6 飞机发射的 AGM-84 击中。

◤搭载"鱼叉"反舰导弹的F-16战斗机

"鱼叉"导弹的里程碑

目前，波音公司正在设计和研发的"鱼叉"BlockIII 型反舰导弹，是为了增强美国海军水面作战能力的新一代武器系统。它将为美国海军现有的武器系统进行升级。"鱼叉"BlockIII 反舰导弹新增了多项能力，如飞行中变更打击目标，主动末端控制以及与未来网络体系结构联通等。该型导弹已经成为一种具备完全自主、全天候、超视距作战能力的先进反舰导弹。

生产数量最多的导弹

到 20 世纪 90 年代后期，"鱼叉"系列反舰导弹共生产了 7 217 枚，包括试验用弹和回厂重新改装的导弹。美国海军装备 3 836 枚，其余的出售到 20 多个国家，是世界上生产数量最多、创造效益最高、技术水平居领先地位的反舰导弹。

◤诺克斯级巡防舰发射
"鱼叉"反舰导弹

"飞鱼"反舰导弹

"飞鱼"反舰导弹是法国研制的一种全天候、超音速、掠海飞行的中近程反舰导弹,有舰射型MM-38、空射型AM-39、潜射型SM-39、改良式舰射型MM-40四种型号,其具有"发射后不管"和全天候作战能力。

导弹结构

"飞鱼"导弹采用典型正常式气动布局,4个弹翼和舵面按"X"形配置在弹身的中部和尾部;整个导弹由导引头、前设备舱、战斗部、主发动机、助推器、后设备舱、弹翼和舵面组成。动力系统由主发动机和助推器组成。采用惯性加主动雷达的制导系统。

"超级军旗"上装备的"飞鱼"导弹

"飞鱼"导弹采用"发射后不管"的复合制导,即惯性制导和末段主动雷达寻的制导,具有更好的抗干扰能力。

装备情况

"飞鱼"导弹主要装备在直升机、海上巡逻机和攻击机上,如法国军队的"超级军旗""超美洲豹""幻影"等攻击机、"大西洋"海上巡逻机和"超黄蜂""海王"武装直升机等,主要用于攻击各种类型的水面舰船,也可从陆地、舰上和水下不同地点发射。

成名"马岛海战"

1982 年 4 月 2—6 月 14 日，英国和阿根廷在南大西洋的马尔维纳斯群岛展开了一场前所未有的现代海战。战斗中，阿根廷使用的"飞鱼"反舰导弹对英国皇家海军的舰船造成了很大的打击。最终"谢菲尔德"号在拖行回港的过程中进水过多沉没。"谢菲尔德"号是英国第二次世界大战之后第一艘被击沉的战舰。

兵 器 档 案
"飞鱼"反舰导弹
类型：空对舰导弹
国家：法国
弹径：350 毫米（AM-39）
发射重量：652 千克（AM-39）
最大射程：70 千米（AM-39）
发射方式：惯性加主动雷达末端制导
弹头：高爆炸药

1987 年 5 月，一架伊拉克战机发射了两枚飞鱼导弹击中美国海军史塔克号巡防舰（USS Stark FFG-31），造成该舰严重损伤。图为当时被飞鱼导弹击中的美国史塔克号的情况。

独具特色

从几次实战应用来看，"飞鱼"导弹虽然射程不远，战斗部也不大，航速也不高，但的确有自己的一些特色。一是掠海飞行，"飞鱼"导弹首次将飞行弹道降到 10 ~ 15 米（巡航），在接近目标时的飞行高度只有 2 ~ 3 米，这样使舰载雷达很难发现它。二是采用半穿甲型战斗部，破坏效能很大。三是抗干扰能力较强，"飞鱼"采用巡航段惯性制导、在距目标 10 千米左右时转入末段主动式雷达自动寻的，寻的雷达抗干扰能力很强，且具有抗海杂波和恶劣环境的能力。

"鸬鹚"空舰导弹

"**鸬**鹚"空对舰导弹是原联邦德国梅伯布公司(MBB)、现德国戴勒姆－本茨宇航公司(DASA)研制的一种近程亚音速掠海飞行空舰导弹,1988年投入使用,主要装备其海军航空兵的"狂风"F-104G战斗机。

🔺 "狂风"F-104G战斗机上装备的"鸬鹚"空对舰导弹

兵器档案

"鸬鹚"空舰导弹

类型：反舰导弹

生产厂商：联邦德国 MBB 公司和法国的汤姆逊 CSF 公司

弹长：4.4 米

弹径：0.30 米

弹重：630 千克

巡航速度：0.9 倍音速

最大射程：70 千米

制导方式：主动雷达制导

弹头：半穿甲爆破型

研制历史

　　"鸬鹚"空对舰导弹的发展始于1962年。当时,由法国和联邦德国共同投资,同时发展两个相似的空舰导弹型号 AS33 和 AS34,AS33 由联邦德国 MBB 公司研制,AS34 由法国原北方航空公司、现宇航公司在其"北方"空对地导弹系列中的第二代型号AS30基础上研制。1974年完成飞行试验。1976年,"鸬鹚"1投入生产。1977年12月首次交付给德国海军航空兵两枚批量生产的"鸬鹚"1空对舰导弹。1983年,"鸬鹚"1空对舰导弹停产。

"鸬鹚"空舰导弹

导弹的结构

基本型导弹"鸬鹚"1在结构上从前到后分为导引头舱、战斗部舱、主发动机舱和尾舱共4个舱段，分为3个分离面，各舱段之间采用固定环将这3个分离面对接，从而形成一个完整的导弹。

战斗部的引爆

战斗部舱内装战斗部、触发延时引信和保险执行机构。MBB公司研制的半穿甲爆破战斗部，重量160千克，炸药56千克，以60°命中角攻击舰艇时能穿透121毫米的52号钢制甲板。战斗部的钢制壳体上焊有两排16个由金属板制成的椭圆形射弹，战斗部爆炸时产生的冲击波和金属射弹毁伤目标。

"狂风"战斗机是一种由英国、德国和意大利联合开发的双引擎可变后掠翼战斗机族。"鸬鹚"空舰导弹主要装备其海军航空兵的"狂风"F-104G战斗机。

"鸬鹚"2的诞生

虽然法国参与了"鸬鹚"空对舰导弹的研制，但法国国防部从未向德国采购该导弹。1983年在基本型——"鸬鹚"1的基础上正式发展"鸬鹚"2，1987年开始飞行试验，1990年10月完成飞行试验，1991年开始进入德国海军服役，1996年全部停产。

"花岗岩"反舰导弹

"花岗岩"反舰导弹是苏联20世纪70年代初开始研制的远程超音速巡航导弹。自研制以来，"花岗岩"导弹的具体情况一直受到俄罗斯的严格保密。直到俄海军"库尔斯克"号核潜艇出事沉没，其装载的"花岗岩"反舰导弹才不得不揭开神秘的面纱。

别出心裁的制导系统

"花岗岩"导弹的制导方式可谓别出心裁。在一次发射的10多枚导弹中，有1枚"指挥弹"，它在2.5万米高空飞行，把目标数据通过弹间数据链传输给在低空飞行的其他导弹，以保持低空导弹的隐蔽性。一旦"指挥弹"被击落，马上有一枚导弹升高负责继续"指挥"。进入敌方视界后，弹群才散开，各自开启导引头进行末端攻击。这样一方面可以防止"过杀"（重复攻击同一目标），另一方面可选择航母的关键位置攻击。

"花岗岩"反舰导弹发射处

🔺 "基洛夫"级巡洋舰"彼得大帝"号

舰艇装备

由于航母拥有空前的抗打击能力，所以为保证导弹击中目标后能造成足够大的破坏力。"花岗岩"反舰导弹上装备的战斗部达1吨重，威力巨大。其率先部署在"基洛夫"巡洋舰，目前总共装备了两艘水面舰：一艘"库兹涅佐夫"号航母和一艘"基洛夫"级巡洋舰"彼得大帝"号。另外，"花岗岩"导弹还是一种很成功的潜射导弹，已装备7艘俄海军"奥斯卡"级潜艇，每艘装24枚导弹。

"狼群"战术

目前，新一代的"花岗岩"已经具备反电子干扰能力。与"狼群"战术相仿，在对目标进行攻击时，导弹自行决定哪一枚将击中敌方目标，哪一枚导弹将扮演诱饵，成为敌方防空系统牺牲品，哪一枚导弹将吸引敌方雷达和电子干扰系统等。

兵 器 档 案
"花岗岩"反舰导弹
类型：超音速反舰导弹
生产厂商：俄罗斯机械设计局
弹重：6.98 吨
发射重量：7 吨
核弹当量：50 万吨
最大射程：550 千米
制导方式：惯性/指令修正/主动雷达制导
弹头：高爆炸药/核弹

➡ "库尔斯克"号核潜艇

无还手之力

"花岗岩"的飞行速度和它在海面上变化多端的飞行路线只能用神出鬼没来形容。由于导弹飞行速度快，质量大，动能高，所以只要命中，即使不装弹头的训练弹也可凭借巨大动能将驱逐舰一类的舰艇击毁。更为神奇的是，在摧毁敌方目标之后，"狼群"马上进行角色重组，再次投入对敌方舰艇新一轮的攻击。世界上还没有一艘军舰能够躲过"花岗岩"的攻击。敌方雷达系统能够监测到"花岗岩"发射，但导弹进入攻击阶段以后，任何防御系统均无反击之力。

难遇敌手

2000年8月12日，俄罗斯海军的"库尔斯克"号核潜艇在巴伦支海参加军事演习时失事。艇上配有23枚"花岗岩"导弹，有一枚在潜艇失事前已作为训练弹发射出去了。目前，世界上任何一支舰队都没有找到对付这种导弹的有效武器。

"日炙"反舰导弹

> **航**空母舰被称为当今海上的"巨无霸",不过,俄罗斯研制的"日炙"反舰导弹却是令航空母舰生畏的海上超音速杀手。其速度约为法国"飞鱼"的3倍,巡航高度15米,是全球唯一具有超音速、超低空和超视距性能的先进反舰导弹。

研制历史

在1967年,埃及海军使用"冥河"导弹击沉以色列驱逐舰后,西方海军汲取教训,研制了以"密集阵"高炮和"海麻雀"导弹为代表的舰载近防武器系统,特别是美国研制的"宙斯盾"防空系统,使苏联海军的大多数反舰导弹失去作用。为了打破西方海军的防空系统,苏联国防委员会于1975年作出研制新一代反舰导弹的决定,任务交由总设计师尤利夫领导的彩虹设计局承担。1984年,首批"日炙"反舰导弹装备部队。

▲"现代"级驱逐舰发射"日炙"反舰导弹

一枝独秀

尽管研制进度比同期研制的"现代"级晚了 3 年，但它的出现却使西方海军为之失色。在当今西方海军中，还没有与"日炙"反舰导弹相类似的产品可装备到"现代"级驱逐舰、"勇敢"Ⅱ级驱逐舰、"塔兰图尔"Ⅲ级轻型护卫舰、"德加奇"级导弹快艇等水面舰艇上。

▶ "日炙"导弹

末端蛇形机动

末端蛇形机动是"日炙"导弹的另一大优点。"日炙"导弹的飞行末端被专门设计为不规则蛇形机动，防空武器跟踪和锁定目标极为困难，抗击难度和效果可想而知。美国海军把"日炙"导弹视为"恐怖分子量级"的武器，不难看出美军对"日炙"的重视程度。

兵 器 档 案
"日炙"反舰导弹
类型：超音速反舰导弹
生产厂商：俄罗斯彩虹设计局
发射重量：4 000 千克
飞行速度：2.5 马赫
核弹当量：20 万吨
最大射程：120 千米
弹头：高爆炸药/核弹

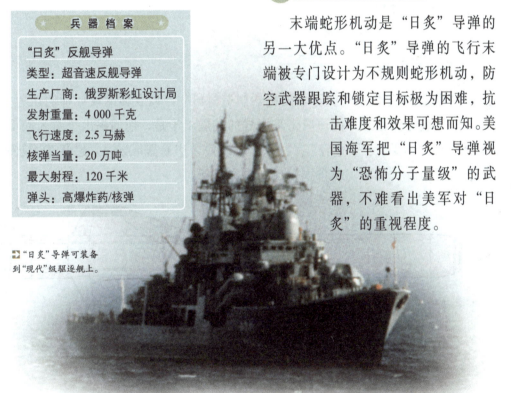

▶ "日炙"导弹可装备到"现代"级驱逐舰上。

老牌导弹设计局

1951 年 11 月成立的彩虹设计局是苏联老牌导弹设计局，曾研制出著名的"冥河"式反舰导弹，在反舰导弹设计方面居于世界领先水平。目前，彩虹设计局和星—箭国家科学制造中心几乎垄断了俄罗斯的战术导弹研制和生产。

"红宝石"反舰导弹

"红宝石"反舰导弹是俄罗斯新一代超音速反舰导弹，它也是打击航空母舰的上乘武器，可在多种平台上发射。尤其是，首次采用了在结构上与美国HK—41垂直发射装置非常相似的多模块垂直发射装置，可以"发射后不用管"。

研发背景

20世纪80年代中期，苏联的机器制造科研生产联合体的设计师们认为，当时的反舰导弹已经不能适应未来海战的发展。于是，他们提出了对未来反舰导弹的设计要求：重量轻、尺寸小、对现代雷达暴露征候小、超音速巡航、发射后不用管，真正实现自主发现和攻击目标。

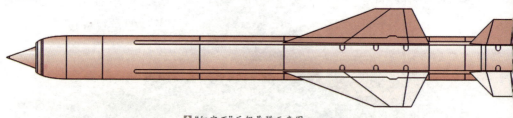

⬆ "红宝石"反舰导弹示意图

"红宝石"诞生

到20世纪80年代末，研制新一代反舰导弹的计划正式启动，到90年代中期导弹系统已进入了试验阶段，并在1999年的莫斯科航展上推出了第一个样品。这种首次亮相的第四代反舰导弹取名为"红宝石"，它可用于在强火力和无线电电子反制情况下打击敌水面舰艇编队和单个舰艇目标。因此，"红宝石"一经问世，立刻受到世界各国军方的高度关注。

⬆ "红宝石"反舰导弹

通用性反舰导弹

"红宝石"反舰导弹最大的特点在于它的通用性。这种导弹从一开始就充分考虑了对于不同载具的通用性：既可以配置在潜艇、水面舰艇和快艇上，也可挂载到飞机上，还可由岸基发射装置使用。

⬆ "米格"-29轻型歼击机

强大威力

"红宝石"安装的是200～300千克高爆炸药战斗部，它能够击沉300千米外的现代化巡洋舰，即便是它装备了"宙斯盾"防卫系统，而几枚能够自主选择要害部位实施攻击的"智能"导弹就可使一艘航母报废。

"红宝石"-A反舰导弹

在2001年的莫斯科航展上，首次公布了机载型"红宝石"-A反舰导弹系统的性能。据称，"苏"-30多用途歼击机将可挂3枚"红宝石"-A反舰导弹。"米格"-29轻型歼击机的机翼下挂载两枚"红宝石"反舰导弹，而"图"-142远程轰炸机最多可挂载8枚这种反舰导弹。

潜地导弹

潜对地导弹是指由潜艇在水下发射攻击地面固定目标的战略导弹。该导弹与射击控制、检测、发射系统和导航系统等构成潜地导弹武器系统。潜对地导弹主要用于袭击敌方政治和经济中心、交通枢纽、重要军事设施等战略目标。

发展历史

潜对地导弹于 20 世纪 50 年代开始出现。早期的潜对地导弹采用液体火箭发动机，只能从水面发射，射程近，精度差。60 年代出现水下发射的、采用固体火箭发动机的潜对地导弹。此后导弹的射程不断增大，精度迅速提高。

⬆潜地导弹发射时，通常采用冷发射(动力发射)方式，一般用燃气、蒸汽作能源，以较大的推力将导弹从发射筒推出，在水中上升，出水前或出水后点火飞射向目标。

美苏的研制

美国从 20 世纪 50 年代中期开始发展潜对地弹道导弹，到目前为止，已研制成功"北极星"A1、A2、A3，"海神"C-3，"三叉戟"ⅠC4、ⅡD5 共 3 个系列 6 种型号的潜对地弹道导弹。苏联和美国一样，也是 50 年代中期开始研制潜对地弹道导弹的。60 年代初期，苏联仅有 SS-N-4 和 SS-N-5 型导弹。到 60 年代末期发展有 SS-N-6 导弹；70 年代服役的导弹有 SS-N-8 系列；80 年代中后期分别装备使用的SS-N-20 和SS-N-23 是苏联性能最为先进的潜地导弹。

⬆潜艇USS"尤利西斯"发射"海神"C-3

导弹分类

　　潜对地导弹分为潜对地弹道导弹和潜对地巡航导弹。潜对地弹道导弹多用固体火箭发动机作动力装置，采用惯性制导或天文加惯性制导，携带核弹头。潜对地巡航导弹通常用空气喷气发动机作动力装置，采用惯性加地形匹配复合制导，且携带的核弹头威力较高。

▲ "俄亥俄"级弹道导弹核潜艇发射三叉戟Ⅰ型导弹

不同的发射

　　潜对地导弹通常装在潜艇中部的垂直发射筒内，靠约 10 ~ 15 大气压的燃气、蒸汽或压缩空气弹出艇外，获得约每秒 45 米的弹射速度。潜对地巡航导弹可由潜艇的鱼雷发射管或专用发射筒发射。导弹在出水前或出水后点燃发动机，按预定的弹道飞向目标。

未来发展方向

　　在现代条件下，潜对地导弹是战略核力量中生存能力最强的武器。其发展方向是：减少品种型号，提高质量，增大射程，扩大打击目标范围和提高生存能力；进一步提高命中精度和载荷能力，增大对硬目标的摧毁能力；完善分导式多弹头技术，发展机动弹头和隐身技术，增大突防能力；改善发射和测控系统，缩短发射时间。

反坦克导弹

反坦克导弹是指用于击毁坦克和其他装甲目标的导弹。和反坦克炮相比，反坦克导弹重量轻，机动性能好，能从地面、车上、直升机上和舰艇上发射，命中精度高、威力大、射程远，是一种有效的反坦克武器。

最有效的反坦克武器

▲SS-10型反坦克导弹

1946 年，法国开始研制反坦克导弹，1953 年前后研制成功 SS-10 型反坦克导弹，并在 1956 年的阿尔及利亚战场上使用。SS-10 型是世界上最早装备部队，最早实战使用的反坦克导弹。此后，反坦克导弹发展很快，目前已发展到第三代。在 20 世纪 70 年代后的多次局部战争中，特别是在海湾战争的表现可以看出，反坦克导弹是当今最为有效的反坦克武器。

第一代反坦克导弹

第二次世界大战结束以来，反坦克导弹的发展受到各军事大国的重视，从 20 世纪 50 年代中期开始发展。20 世纪 60 年代末之前服役的导弹为第一代反坦克导弹，其代表型有：法国的 SS-10、SS-11、SS-12，联邦德国的"眼镜蛇"，日本的"马特"，英国的"摆火"，苏联的 AT-1、AT-2 和 AT-3。其中法国研制的 SS-12 导弹的各项指标在当时都属最好水平，它于 1962 年开始装备。第一代反坦克导弹大都采用手控有线制导，反坦克导弹射手易遭对方攻击，导弹飞行速度较低，机功能力也较差。

第二代反坦克导弹

第二代反坦克导弹是 70 年代初至 70 年代末服役的导弹，其代表型有：苏联的 AT-4、AT-5、AT-6，美国的"陶""龙"，法国的"哈喷""阿克拉"，德国的"毒蛇"，法德联合研制的"米兰""霍特"及日本的 KAM-9 等。这一代导弹中，各项性能最好的是"陶"，其次是"霍特""米兰"和"龙"式反坦克导弹。

➡ "龙"式反坦克导弹已经有多次改进，其射程由最初的 1 000 米提高到 1 500 米，改进了瞄准制导方式，单发命中率提高到 85%。

第三代反坦克导弹

第三代反坦克导弹是指 80 年代初以后服役的导弹和正处于研制阶段的导弹。这一代反坦克导弹性能明显提高，其代表型为：美国的"陶"2、"陶"3、"地狱火"（又译"海尔法"）、"坦克破坏者"等。这一代反坦克导弹的特点是通过车载和机载提高了机动能力，进一步增大了射程，提高了飞行速度和命中率，在制导方式上开始采用激光、红外、毫米波等新体技术。

➡ "海鹰"直升机发射"海尔法"导弹

"海尔法"反坦克导弹

"**海**尔法"导弹又叫"地狱火"导弹,编号AGM-114,是美国研制的一种直升机发射的近程空对地导弹,主要用来攻击坦克,但也用于攻击地面其他小型目标。

研制历史

"海尔法"导弹属美军第三、四代反坦克导弹,其基本型AGM-114A于1971年开始试验,至1975年共试射56枚,41枚成功。其中29枚与激光指示器配用,21枚成功。1976年该导弹正式定为"阿帕奇"(AH-64A)攻击直升机机载武器,1982年投产。

A"海尔法"GM-114A导弹

攻击目标

"海尔法"导弹主要用来对付敌方坦克及其他装甲目标。直升机发射"海尔法"导弹之后,行动不会受到限制,可以立刻回避敌人攻击。"海尔法"反坦克导弹能摧毁重型坦克、厚装甲目标。

KC-135J携带的4枚"海尔法"导弹

性能特点

"海尔法"导弹的性能特点包括 4 个方面：①发射距离远，精度高，威力大。②采用激光制导，抗干扰能力强。③导弹采用模块式设计，可根据战术需要和气象条件选用不同制导方式，配备不同导引头。④需目标照射保障。

MH60R"海鹰"直升机发射"海尔法"导弹

多种发射方式

随着"海尔法"的研制发展，现在它不仅能从直升机上发射，也能从陆地车辆上发射。它还能从舰上发射，攻击舰艇，使"海尔法"成为一种舰舰导弹。作为空地导弹使用时，"海尔法"的军用编号为AGM-114A；作为舰舰导弹使用时，它的军用编号为 AGM-114B。"海尔法"还能作为岸防导弹用，使它成为岸舰导弹。所以"海尔法"是一种能从海、陆、空中发射的、攻击海上或陆地上带有装甲机动目标的导弹。

"海尔法"导弹的地面发射系统可以攻击空中飞行的直升机。

"陶"式反坦克导弹

"**陶**"式反坦克导弹是美国研制的一种光学跟踪、导线传输指令、车载筒式发射的重型反坦克导弹武器系统。它主要用于攻击各种坦克、装甲车辆、碉堡和火炮阵地等硬性目标,具有射程远、飞行速度快、制导技术先进和抗干扰能力强等特点。

研制历史

1962 年,美国开始研制"陶"式反坦克导弹,于 1965 年发射试验成功,1970 年大量生产并装备部队。"陶"式反坦克导弹系统从列装开始经过多次改进,并一直在军队中服役。据美军称,经过 12 000 多次试验、教练和战斗发射的检验,"陶"式反坦克导弹系统的可靠性超过 93%。

兵 器 档 案
"陶"式反坦克导弹
类型:反坦克导弹
国家:美国
弹径:152.4 毫米("陶"2A)
弹重:28.1 千克("陶"2A)
最大射程:3.75 千米("陶"2A)
弹头:高爆炸药

"陶"式家族

在"陶"式反坦克导弹将近 40 年的发展过程中,公司研制了以下型号:装备 BGM-71C 导弹的"陶"1,装备 BGM-71D 导弹的"陶"2,装备 BGM-71E 导弹的"陶"2A 和装备 BGM-71F 导弹的"陶"2B。

此外,该公司还研制了装有反掩体战斗部的 BLAAM 导弹。

"陶"式反坦克导弹

原型"陶"

原型"陶"导弹采用红外线半主动制导，最大射程为 3 000 米（直升机发射的最大射程为 3 750 米），最小射程为 65 米。武器系统由导弹、发射装置和地面设备 3 大部组成。导弹由战斗部、控制系统、发动机、尾段组成。弹体为圆柱形，弹翼平时折叠，发射后展开。

 "悍马"吉普车上安装的"陶"式反坦克导弹正在发射的情景

"陶"2 型

"陶"2 型于 1979 年开始研制，1983 年装备部队。主要改进有：采用大口径战斗部；采用增程发动机；改善制导性能；发射装置采用了新的数字式发射制导装置；装有改进的 AN/TAS-4A 红外热成像夜视瞄准具等。陶 2A 型于 1987 年装备部队，在陶 2 的基础上采用了两级串联空心装药，提高了精度和威力。陶 2B 型于 1992 年装备部队，该系统是美国第一种用导弹自上而下摧毁目标的反坦克导弹系统。

"陶"1 型

"陶"1 型于 1981 年装备美国陆军。这种导弹在原"陶"型的基础上将发射管缩短到 1 067 毫米，有利于克服在较大横向风条件下操纵发射装置的困难。为适应车载和直升机载的发射，将导弹射程从 3 000 米增大到 3 750 米。此外还配装了 AN/TAS-4 夜间瞄准具。该导弹战斗部的穿甲能力可达 800 毫米。

"陶"式导弹与第一代反坦克导弹相比，具有射程远、飞行速度快、制导技术先进和抗干扰能力强等特点。

"米兰"反坦克导弹

"米兰"导弹是由法国和联邦德国于1963年联合研制的,1974年装备部队。该导弹是轻型中程第二代反坦克导弹的典型代表,采用目视瞄准、红外半自动跟踪、导线传输指令制导方式。据称,"米兰"导弹不仅能对付坦克,它还击落、击毁过直升机和巡逻艇。

↑"米兰"导弹不仅能对付坦克,还击落、击毁过直升机和巡逻艇。

巷战的理想武器

"米兰"-1于1974年服役,1976年在黎巴嫩战争中投入使用,对付T-55和T-76坦克。当时还没有人认识到"米兰"导弹的先进性和灵活性,而直到后来才显现出其优点来。因为很多军事行动,都是在街头巷尾进行的,"米兰"导弹的射程最小可达25米,正是巷战的理想武器。

不断改进

1984年,"米兰"-2研制成功,其弹径115毫米,弹重6.7千克,破甲厚度达到880毫米。1991年,又推出了"米兰"-2T型,该导弹加装了一个30毫米的先行战斗部装药,以对付带有反爆装甲的目标。1995年,"米兰"-3问世,它有一个工作在约0.9微米的脉冲氙红外信标和一个热成像夜视仪,以提高其抗干扰能力,并能在夜间作战。各型米兰导弹的射程均为2 000米。

"米兰"-2T

"米兰"-2T 由欧洲 MBDA 集团生产，虽然尺寸较小，但却配备有能够击穿现代化反应装甲的串联战斗部。该导弹装备有一台固体燃料发动机，发射重量12千克，战斗部重3千克。每个"米兰"导弹发射小组由两人组成，分别为射手和装弹手。"米兰"-2T可通过发射架、坦克或其他装甲车辆进行发射。

↑"米兰"反坦克导弹攻击目标产生的爆炸

扬威战场

"米兰"导弹在非洲战场、马岛战争及海湾战争中的多次使用，都证明了它所具有的作战灵活性。在海湾战争中，"米兰"导弹对付"飞毛腿"导弹发射架取得了不俗的战绩。

↑在伊拉克的英国皇家海军士兵发射"米兰"反坦克导弹。

★ 兵 器 档 案 ★	
"米兰"导弹	
类型：反坦克导弹	
国家：德国、法国	
弹径：115毫米（"米兰"-2）	
弹重：6.7千克	
最大射程：2 000米	
制导方式：目视瞄准、红外半自动跟踪、导线传输指令	
弹头：高爆炸药	

"标枪"反坦克导弹

"**标**枪"反坦克导弹是美国20世纪80年代中期开始研制的第四代反坦克导弹，它具有重量轻、精确度高、发射模式多等特点，能有效打击最新式的坦克目标，是世界上最为先进的中程反坦克导弹。

兵器档案

"标枪"反坦克导弹

类型：反坦克导弹

国家：美国

弹径：126毫米

弹重：11.8千克

制导方式：图像红外寻的

最大射程：2 500米

发射方式：射手可采用站、跪、卧及坐姿发射

弹头：高爆炸药

研制历史

1989年，美国陆军提出研制新型步兵反坦克导弹项目要求。1992年8月"标枪"反坦克导弹进行首次试验，并取得成功。1994年，该导弹开始生产，1996年开始部署于乔治亚州的本宁堡陆军基地。

◀ "标枪"导弹是美军最新一代的单兵便携式全天候中型反坦克导弹，也是世界上第一种便携式"发射后不管"的反装甲导弹系统。

"标枪"全武器系统由导弹和发射装置组成

里程碑

"标枪"在反坦克导弹发展史上是一个里程碑，它采用技术最先进的红外热成像制导方式，真正具备"发射后不管"的能力，即导弹发射后能自动跟踪攻击目标，不需任何人为干预。当导弹发射后，它会自主制导飞向目标，这样大大提高了近距离作战中参战人员的生存能力。在导弹的整个飞行期间并不要求操作手一直守在发射位置上，这样就避免了对方反步兵火力的杀伤，同时，士兵可以快速准备下一轮攻击。

两种攻击模式

"标枪"系统有两种交战模式，"顶部攻击模式"主要用于反主战坦克和装甲车，"正面攻击模式"主要用于打击工事及非装甲目标。

"标枪"发射后，它会自主制导飞向目标，这样，士兵可以迅速移动以躲避敌方火力还击或快速准备下一轮攻击。

攻击直升机

"标枪"导弹的战斗部亦可用来打击各种掩体、低速飞行的直升机等。由于"标枪"导弹自动寻的，飞行速度比有线制导的反坦克导弹快，能够攻击速度为每小时50～60千米的缓慢飞行的直升机。

反卫星导弹 »»

<big>反</big>卫星导弹是一个力量无比强大的武器系统。目前在环绕地球轨道中部署反卫星武器的行动没有任何一个国家可以毫无顾忌地公开或是正面承认,然而包括美国与俄罗斯等有能力发射人造卫星的国家都可能掌握相关的技术或者是系统。

◀ 历史背景 ★★★★

20世纪60—70年代中期,美国先后研究和试验利用核导弹反卫星的可行性,并且曾经一度部署过"雷神"反卫星系统。由于核武器的使用受到限制及可能给己方卫星带来诸多的不利影响,核导弹反卫星计划于1975年被迫取消了。

🔺反卫星导弹攻击环绕地球轨道的人造卫星

◀ 出现转机 ★★★★

从20世纪70年代中期起,美国开始转向研制非核反卫星武器。1978年,美国国防部正式批准空军研制机载反卫星导弹。同年9月,开始部署反卫星导弹的具体研制工作。当美国开始这项工作后不久就开始酝酿来检测自己的研究成果的试验。

公开发展

比较有名的公开发展与测试是美国以 F-15 鹰式战斗机为发射载具，进行反卫星导弹的研究和试验。20世纪 80 年代初期先由 F-15 携带导弹进行试验飞行，这些导弹都是瞄准预先设定的坐标而不是人造卫星。

◀ F-15 鹰式战斗机发射 ASM-135A 反卫星导弹

▶ 在浓烟和火焰中从"伊利湖"号巡洋舰上发射升空的"标准"3 导弹击落了 USA 193 卫星。

多次试验

1981 年美国空军完成了机载反卫星导弹的地面试验。1984 年开始进行空中发射的飞行试验，至 1985 年共进行了 5 次。1985 年 9 月 13 日，首次成功地用反卫星导弹击毁一颗在 500 多千米高轨道上的军用实验卫星。

反卫星导弹的优点

这种反卫星导弹本身形体小，不易被探测到，由于采用精确制导技术，具有灵活机动、反应迅速、生存能力强、命中精度高同时发射费用低等优点，对轨道高度低于 1000 千米的航天器有较强的攻击力。

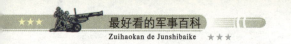

反辐射导弹

反辐射导弹也称反雷达导弹,它是利用敌方雷达的电磁辐射进行导引,摧毁敌方雷达及其载体的导弹。美国的"百舌鸟"导弹是世界第一枚反辐射导弹,它于1963年研制成功。此后,前苏联、英国、法国等国也开始研制成功反辐射导弹。

⬆ F-4"鬼怪"战斗机挂载的"标准"AGM-78"百舌鸟"AGM-45反辐射导弹。

诞生的历史背景 ★★★★

　　电子化程度高是现代化武器装备最突出的特点,每艘舰艇、每架飞机、每枚导弹上都有很多复杂的电子设备进行探测、指挥和引导。在这些电子设备中,雷达是探测、跟踪、识别和引导武器进行攻击和反击的关键性装备。如果失去雷达的引导,任何武器都难以找到攻击的对象,更不用说进行攻击了。于是,为了摧毁雷达系统,从20世纪50年代末开始,一些国家开始研制反辐射导弹。

F-4"鬼怪"战斗机发射"百舌鸟"导弹

早期的导弹

世界上最早的反辐射导弹"百舌鸟"于1964年开始装备使用。它也是世界上第一次用于实战的反辐射导弹，在20世纪60年代中期的越南战场上发挥了重要作用。"百舌鸟"导弹代号为AGM-45A，属空对地导弹中的一种型号，主要装备攻击机和战斗机，先后共生产2500枚左右，现已停产并逐渐退役。除"百舌鸟"外，第一代反辐射导弹还有前苏联的"鲑鱼"AS-5，它于1966年服役，是一种较大型的导弹。

▲ AGM-88 高速反辐射导弹

不断发展

第二代反辐射导弹在20世纪70年代开始服役，主要型号有美国的"标准"AGM-78A、B、C、D和"百舌鸟"改进型、AGM-45A-9、CAN-45A-90，前苏联的"王鱼"AS-6和英法联合研制的"玛特尔"AS-37。第三代反辐射导弹是20世纪80年代以后服役的导弹，主要型号有美国的"哈姆"和"默虹"，英国的"阿拉姆"，法国的"阿玛特"和前苏联的AS9。

实战应用

"哈姆"导弹在现代战争中应用较多，两伊战争中，伊拉克使用该型导弹攻击伊朗美制霍克地空导弹制导雷达，发射8枚，7枚命中目标。海湾战争期间，英军使用"狂风"战斗机携载该型弹攻击伊军雷达，共发射100枚，命中率90%。

为导弹服务

导弹是高科技武器,对导弹技术的正确理解与熟练操作就显得尤为重要,因而从事导弹行业的人员面临的是一项要求很高的工作,他们不仅需要有很强的业务能力,还需要有良好的心理素质,须时刻保持冷静的头脑。

在地下掩体内

在导弹发射井中工作的人,多数都藏在很深的掩体内,工作素质要求非常高,事无巨细,都要一丝不苟,严阵以待。只有这样,才能保证导弹安全地从地下发射出去。

↑"和平卫士"导弹发射井

辛苦地工作

地勤人员负责导弹的储备、日常养护以及安装引信和把导弹装上飞机等工作。

⇦地勤人员准备将AGM-114B"海尔法"挂上战斗机。

飞行员

武器操作员

CDR DAVE FAEHNLE
SUPAFLY

LT JOE POMMERER
LBJ

▪F-14"雄猫"战斗机的空勤人员从航母上准备起飞。

协同作战

　　空勤人员要接受非常严格的训练之后才能工作。在空中，通常由几个人共同担负着导弹的安全和作战使用，因此团结合作、配合很重要。在飞机上，飞行员负责安全驾驶飞机，武器操作人员负责发现目标并发射导弹，一般他坐在飞行员的后面。

➡导弹操作员发射"陶"式
反坦克导弹

战场上的导弹操作员

　　战场上使用的导弹通常比战术导弹或战略导弹要小很多，携带方便，操作使用简便，有的只需一个人操作即可。但有的也需要两个人合作来完成装填、瞄准和射击任务。

导弹的威力

从 第二次世界大战德国研制和生产V-1、V-2导弹开始，导弹走过了半个多世纪。它是战场上的宠儿，却是全人类的噩梦。所谓的大规模杀伤性武器，即核武器、生物武器和化学武器，都可以与导弹结合起来发挥威力，尤其是核武器。

SS-18洲际导弹发射

"战斧"巡航导弹的命中精度可达到在2 000千米以内误差不超过10米。

威力巨大

部分战术导弹和全部战略导弹配有核弹头，采用多弹头分导技术，可同时摧毁多个目标，其威力从1万吨至几千万吨TNT当量。如前苏联SS-18洲际导弹的威力为2 000万吨TNT当量，相当于美国在日本广岛和长崎投下原子弹总当量的500倍。

NMD 和 TMD 的区别

  "国家导弹防御系统"（NMD）和"战区导弹防御系统"（TMD）的主要区别在于：后者是使一个地区免遭近程、中程或远程弹道导弹攻击的综合性武器系统；而前者则是保护美国全境不受任何弹道导弹攻击的战略防御体系。

➤美国最先进的战区导弹防御系统(TMD)的专用防空导弹"爱国者"PAC3

⬆舰艇发射"鱼叉"反舰导弹

导弹的靶子

  1982年的英阿马岛海战中，导弹的威力得到了充分的证明。而水面舰艇似乎又那么不禁打，一枚"飞鱼"导弹就击沉了一艘英国42型驱逐舰，从而给人们一种印象：水面舰艇似乎一夜间变成了导弹的靶子。

⬆目标进入地球大气层后，新型的PAC3导弹采用猛烈撞击的方式将其摧毁，这就是所谓稠密大气层撞击杀伤拦截。

战场上的导弹

在 第二次世界大战后的大大小小局部战争和国际冲突中，导弹一直发挥出色，它们精确打击军事目标，往往能够以最小的牺牲来换取最大的胜利。

↑海湾战争中，A7E海盗Ⅱ攻击机搭载了一枚AGM88反辐射导弹和AIM9L"响尾蛇"导弹。

大显身手

海湾战争中，"哈姆"导弹再次大显身手，美军发射了近5000枚"哈姆"导弹。在开战的前5天就发射了600多枚，与"百舌鸟""标准"等反辐射导弹一起，摧毁和压制了伊拉克90%的预警雷达和地空导弹制导雷达系统，使其无法发挥防空作战效能，因而有效地降低了以美国为首的多国部队空袭飞机的战损率。

"鬼怪"的克星

在1973年10月6日埃叙两国发动了针对以色列的"白德尔"军事行动。以军紧急派出了"鬼怪"战斗机打头阵，正当"鬼怪"俯冲而下时，埃及和叙利亚的防空阵地上突然有一道道白线射向空中，紧紧尾随着"鬼怪"。无论以色列飞行员做出什么动作，都没法摆脱。随着一声巨响，一架飞机化作火焰坠落了。其他以色列飞行员不以为然，反而继续往上扑。然而，他们中很多也是有去无回。

"萨姆"6着实让"鬼怪"吃了苦头，在战争的头3天，"萨姆"6就让"鬼怪"折翼大半。

马岛之战

在 1982 年马岛战争的空战中，英国空军发射了 27 枚新型的美制 "响尾蛇" AIM9L 型空对空导弹，击落阿根廷空军飞机 24 架。在同年黎巴嫩的贝卡谷地空战中，以色列空军用 F-16 战斗机击落叙利亚飞机 44 架，其中半数是被 AIM9L 击落的。

🚀搭载"响尾蛇"AIM9L型空对空导弹的F-16战斗机。

🚀在 1998 年 12 月的"沙漠之狐"行动中，被导弹攻击的伊拉克西北部阿尔卡特镇兵营的卫星图片。

神话被打破

1999 年 1 月 5 日，伊拉克军队竟用 14 架落后的飞机在"禁飞区"向 8 架美国先进飞机挑战，用大幅度机动和施放干扰的方法，使美军发射的 6 枚最先进"超视距"导弹（1 枚"麻雀"、两枚 AIM120 和 3 枚"不死鸟"）无一命中！

实战精英

1991 年海湾战争中，美军飞机大量使用各型"小牛"导弹，攻击伊拉克的核、生、化武器工厂、飞毛腿导弹发射架、指挥控制中心等目标，共发射了 5 100 枚，日发射量高达 100 枚，命中概率在 90% 以上。

导弹的克星

由于精确制导导弹能全天候、远距离、高精度地打击和摧毁目标，威力大、性能强，它们被视为众多武器的克星。然而所谓"一物降一物"，这些导弹也并非能弹无虚发，至少有"三怕"：一是怕反导导弹，二是怕电子干扰，三是怕导弹诱饵。

反导导弹

有时候对导弹的最佳防御就是发射另一枚导弹进行拦截，这就是反导导弹。它可以随时发射以拦截在太空中飞行的洲际导弹。如俄罗斯的S-300、S-400系列、美国的PAC3型"爱国者"反导系统、以色列的"箭"2反导系统等。

↖ 俄罗斯的S-300导弹系统

↑ 俄罗斯的S-300导弹系统

俄式 TMD

"道尔"M1、"安泰"2500、S300 和 S400 等防空系统，与俄罗斯卫星侦察预警系统一起，构成了完整、严密的俄罗斯"天网"——"俄式战区导弹防御系统"。

■ "萨姆"10远程机动防空导弹是前苏联为了对付美超音速轰炸机和巡航导弹而研发的，具有一定拦截近程弹道导弹的能力，它是俄军目前性能最先进的防空系统，也是俄军的骄傲，堪称是当今世界最先进的防空导弹之一。

导弹诱饵

导弹诱饵是用来模仿导弹目标、迷惑导弹的制导系统的设备。它们能像飞机的发动机那样散发热量，或者吸引导弹的雷达设备。如红外诱饵以发出热量吸引导弹的红外制导系统，导弹碰上红外诱饵会爆炸，而飞机则会得以脱逃。

↑ C-130运输机释放红外诱饵

电子干扰

任何导弹在被干扰后都会受到影响而偏离目标。对来袭导弹进行电子干扰可以让它无法工作，如 GPS 干扰机的应用，一旦 GPS 定位系统被干扰，定会致使其制导的导弹或炸弹炸错目标。

"星球大战"计划

我们现在所说"星球大战"计划,并非是在全球热映的电影《星球大战》,而是美国前总统里根在1983年提出的大胆超前的战略构想,要建立一套综合防御系统——反弹道导弹防御系统的战略防御计划(SDI)。其核心内容是:以各种手段攻击敌方的外太空的洲际战略导弹和外太空航天器,以防止敌对国家对美国及其盟国发动的核打击。

针对苏联

"星球大战计划"的出台背景是在冷战后期,由于苏联拥有比美国更强大的核攻击力量,美国害怕"核平衡"的形势被打破,有必要建立有效的反导弹系统,来保证其战略核力量的生存能力和可靠的威慑能力,维持其核优势。同时,美国也想凭借其强大的经济实力,通过太空武器竞争,把苏联的经济拖垮。

↑化学激光武器

"星球大战"计划

"星球大战"计划由"洲际弹道导弹防御计划"和"反卫星计划"两部分组成。该计划技术手段包括在外太空和地面部署高能定向武器(如微波、激光、高能粒子束、电磁动能武器等)或常规打击武器,在敌方战略导弹来袭的各个阶段进行多层次的拦截。其预算高达1万多亿美元。但由于系统计划的费用昂贵和技术难度大,美国在已经花费了近千亿美元的费用后,于20世纪90年代宣布中止"星球大战"计划。

太空战

反导导弹可以拦截在太空中飞行的导弹，并可将其击毁，而且不会对地面造成破坏。

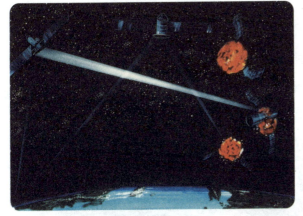

卫星攻击卫星

天基魔镜

最危险的导弹是在太空中飞行的导弹。未来的天基激光卫星就能使用化学激光专门攻击进入太空的洲际弹道导弹，并且还能制止潜在敌人发射大规模杀伤性武器。

机载激光器

美国正在研制以波音747客机为载体的激光导弹防御武器。该型机携载4种独立的激光，能够在弹道导弹的早期助推飞行阶段对导弹进行定位、识别、跟踪并摧毁弹道导弹。

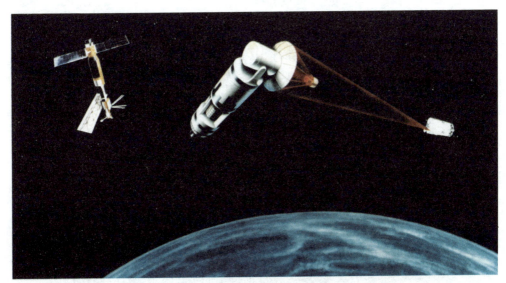

星球大战太空雷射拦截

导弹的未来

未来的导弹不仅体积小、重量轻、携载方便、精确度高、波及范围小，而且它们不再要求那么多的维护和控制人员。目前美国就正在研制一种超小型的"聪明"导弹，可以装载在无人侦察机上。

⚑西班牙空军将用该导弹装备其现役F/A-18战斗机以及欧洲战斗机公司生产的"台风"战斗机，用来在敌方防空火力区域以外对高价值固定军事点目标实施攻击，而不会使飞机和飞行员受到伤害。上图为F/A-18"大黄蜂"战斗机机翼上挂载的KEPD 350防区外导弹。

"金牛座"KEPD 350导弹

"金牛座"KEPD 350巡航导弹重约1 400千克，长5米，是世界上唯一的防区外导弹系统，在飞行中它不依赖卫星导航支持。可部署在覆盖任务 350千米范围的广阔区域，飞行速度高达亚音速。在需要深入敌方防空的范围内，也可选择近地飞行路线。

⚑便携式导弹

超小型导弹

美国军方将在未来研究出一种单兵可以携带的超小型导弹，这种导弹连同发射装置、控制平台在内都是便携式的。它不仅可以摧毁桥梁、公路等重要设施，也可以打击正在行驶中的坦克、战车等，还可以帮助特工们实施暗杀、破坏等活动。

↑B-2幽灵式战略轰炸机发射JASSM

"上帝之棒"

美国将研发一种叫"超速棒"又叫"上帝之棒"的武器，是以钨、钛或铀制成的一种圆棒，重达100千克。它可以从太空袭击任何位置的地面目标。当它从大气层外缘飞落下来时，会以每小时1.2万千米的速度飞驰，撞落地面时的威力就如同一个小型核弹爆炸。

联合防区外空对地导弹

联合防区外空对地导弹（JASSM）是一种精确制导的隐射巡航导弹，可以打击任何类型的目标，现在设计用于战斗机和轰炸机发射，攻击严密设防的地面高价值目标。美国海军目前也正在研究将其用作空射反舰导弹的可能性。

兵 器 档 案
联合防区外空对地导弹
生产厂商：美国洛克希德·马丁公司
弹长：4.116 米
弹重：1 021 千克
射程：322 千米

↑JASSM巡航导弹攻击试验

火箭

火箭是目前唯一能使物体达到宇宙速度，克服或摆脱地球引力，进入宇宙空间的运载工具。火箭的速度是由火箭发动机工作获得的。

中国古代火箭

据记载，大约12世纪元朝时，火箭武器已在战争中广泛应用。在明代史籍中，记载了许多火箭武器，如神火飞鸦、火龙出水、震天雷炮、飞空沙筒等。约在13世纪，中国古代火箭传入阿拉伯国家，经阿拉伯人传入欧洲。中国古代火箭是现代火箭的雏形，在科学技术史上占有重要地位。

神火飞鸦是于明代发明的一种以火箭为运载工具的爆炸装置。

中国早期的火箭

1961 年 5 月 25 日，约翰·肯尼迪发表《登月宣言》。

太空竞赛

太空竞赛初期，苏联一直占有很大的优势。当时的美国总统约翰·肯尼迪发表了著名的《登月宣言》之后，美国便致力于研究开发"土星"5号巨型火箭的研制工作，使美国在月球着陆竞赛中一举赶超了苏联。

V-2火箭

在战争中，V-2火箭（又称V-2导弹）越过英吉利海峡，数千次地轰炸了英国和其他欧洲国家，仅伦敦就挨了1050枚，以致老百姓谈"V-2"色变。尽管V-2火箭在战争中扮演了不光彩的角色，但是它在技术上的成功却使人类拥有了第一件向地球引力挑战的工具，是航天史上重要的里程碑。

兵器档案
"复仇使者" V-2
类型：单级液体火箭
生产国：德国
箭长：14米
直径：1.65米
箭重：13吨
最大射程：320千米
射高：96千米
飞行时间：320秒
弹头重：1吨

↖V-2火箭的前缀"V"是德文"复仇"一词的第一个字母。看来，德国当时幻想用这种秘密武器来挽回战场上的败局。

冯·布劳恩

布劳恩（1912—1977）于1932年毕业于柏林理工学院，后受聘于德国陆军军械部，开始从事火箭研究，在第二次世界大战中设计了V-2并为宇宙探索作出了重大贡献。第二次世界大战以后，冯·布劳恩作为"头脑财富"来到美国，成为总统空间事务科学顾问，分管"阿波罗"工程，并直接主持"土星"5号运载火箭的研制工作。

↑冯·布劳恩

火箭的结构原理

火箭是依靠火箭发动机喷射工作介质（如空气、燃气等）产生的反作用力向前推进的飞行器。火箭主要由有效载荷（如弹头、卫星等）、箭体和推进系统等组成，能在大气层内、外飞行。

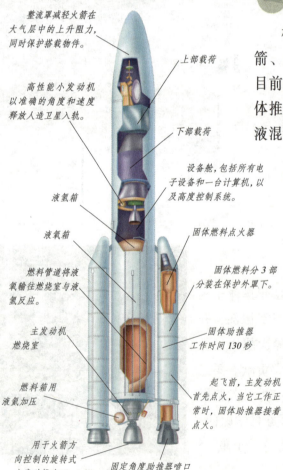

整流罩减轻火箭在大气层中的上升阻力，同时保护搭载物件。

高性能小发动机以准确的角度和速度释放人造卫星入轨。

液氢箱

液氧箱

燃料管道将液氧输往燃烧室与液氢反应。

主发动机燃烧室

燃料箱用液氦加压

用于火箭方向控制的旋转式主发动机喷口

上部载荷

下部载荷

设备舱，包括所有电子设备和一台计算机，以及高度控制系统。

固体燃料点火器

固体燃料分3部分装在保护外罩下。

固体助推器工作时间130秒

起飞前，主发动机首先点火，当它工作正常时，固体助推器接着点火。

固定角度助推器喷口

⬅火箭的结构示意图

现代火箭的分类

根据能源不同，火箭分为化学火箭、电火箭、核火箭和光子火箭等。目前使用最多的化学火箭，又分为固体推进剂火箭、液体推进剂火箭和固液混合推进剂火箭3类。

火箭控制系统

火箭控制系统是保证火箭以一定的姿态沿预定的轨道飞行的装置和设备。它包括火箭的稳定系统和制导系统两部分。飞机在蓝天飞行，可由驾驶员来操纵完成，而火箭在太空飞行，只有依靠姿态稳定系统来实现。控制系统控制火箭的重心动力，使火箭按预先设计好的轨道飞向预定的空间位置。

推进系统

火箭推进系统是利用反作用原理为火箭提供推力的装置，也称火箭动力系统。它类似于人类的血液输送系统，如果人类的血液输送系统停止工作了，人的生命也就终止。火箭如果没有动力，它就无法继续飞行了。推进系统主要由能源、工作介质（如空气、燃气等）和发动机组成。

▶ 火箭的推进方式是直线向前的。高温气体向一个方向喷射，火箭向反方向移动，与喷气发动机使用空气中的氧气来燃烧不同，火箭发动机需要自己携带氧气。燃料和氧气装在分隔的舱室内，然后再泵入一个燃烧室混合并燃烧。

氢　　燃料舱　　　　氧

燃料室

喷嘴　　　高温气体

◀ 火箭发动机

火箭的奠基人

说到现代火箭，就不能不提到俄国科学家康斯坦丁·齐奥尔科夫斯基，他是举世公认的真正开拓宇宙航行理论的先驱者。正是他奠定了火箭在太空中飞行的理论基础，提出了利用火箭进行星际航行和发射人造地球卫星的可能性，并且建立了火箭结构特点与飞行速度之间的关系式，即著名的齐奥尔科夫斯基公式。

"阿丽亚娜"号运载火箭

阿 丽亚娜系列运载火箭是由欧洲空间局研制的运载火箭。至今已研制成功 5 种型号。"阿丽亚娜"系列火箭的成功，是欧洲联合自强的一个象征，它在国际航天市场的角逐中占有重要地位。

🔶 "阿丽亚娜"火箭家族：从左至右依次为 1、2、3、4 和 5 号。

"阿丽亚娜"-1 号

"阿丽亚娜"-1 号火箭是三级液体火箭，自首次发射至 1986 年 2 月 22 日止，共飞行 11 次。该火箭从法属圭亚那太空中心发射，能将 1.85 吨的有效载荷送入地球同步转移轨道或将 2.5 吨有效载荷送入轨道高度为 790 千米、倾角 98.7°的太阳同步圆轨道。

"阿丽亚娜"-2 号和"阿丽亚娜"-3 号

"阿丽亚娜"-2 号和"阿丽亚娜"-3 号的研制目的均是为了在国际卫星发射市场上争取更多的用户。二者的不同点在于"阿丽亚娜"-3 号在"阿丽亚娜"-2 号的基础上捆绑了两台固体助推器。它们都是从法属圭亚那太空中心发射，可以执行多种任务，但主要是向地球同步转移轨道发射各种卫星。两箭均为长 49.5 米，直径为 3.8 米，运载能力分别是"阿丽亚娜"-2 号为 2.17 吨，"阿丽亚娜"-3 号为 2.85 吨。

"阿丽亚娜"-4号

"阿丽亚娜"系列火箭中最成功的成员是"阿丽亚娜"-4号,它将世界一半的商业卫星送上了地球同步轨道。"阿丽亚娜"-4号于1988—2003年间共进行了116次发射,其中成功113次(成功率为97.4%),共将182颗卫星送入轨道。"阿丽亚娜"-4号一共有6种不同的型号,它们装配不同的固体和液体捆绑式助推器,其中最强大的是44L型,它装配4部液体捆绑式助推器,能够将4950千克有效载荷送入地球同步运行轨道。

◤"阿丽亚娜"-4号火箭发射

"阿丽亚娜"-5号

"阿丽亚娜"-5号是根据商业发射市场和近地轨道开发利用的需要研制的,主要用于向地球同步轨道和太阳同步轨道发射各种卫星,向近地轨道发射哥伦布无人驾驶的自由飞行平台和"使神号"空间飞机。

◀◤"阿丽亚娜"-5号火箭发射

兵 器 档 案

"阿丽亚娜"运载火箭

类型:运载火箭

组织:欧洲航天局与法国航天局

全长:47.7米("阿丽亚娜"-1号)

直径:3.8米("阿丽亚娜"-1号)

发射重量:200吨("阿丽亚娜"-1号)

发射场:法属圭亚那库鲁发射场

"质子"号运载火箭

"**质**子"号系列运载火箭是目前世界上运载能力最强的火箭之一，也是世界上第一种用于发射空间站的运载火箭。早期的"质子"号火箭主要用于发射大型人造卫星。在美苏登月竞赛时期，"质子"号承担了将大多数月球无人探测器送上月球的任务。

各种型号

"质子"号系列火箭共有5种型号，它们包括：UR500（基础型质子号火箭）、"质子"–K（UR500K）、"质子"–K/D 组级（UR500K–L1）、"质子"–K/DM 组级（UR500K–L1P）和"质子"–M。

◀ "质子"号大型火箭的可靠性及载荷能力均较高，一直是前苏联空间运载的主要工具

UR500 的诞生

最初的"质子"号火箭是在 1961—1965 年间研制成功的，当时，苏联的总设计师切洛勉向赫鲁晓夫提出了一个庞大的洲际导弹发展计划，在这个计划中，UR500 是一种"全球火箭"。但是 UR500 最终没有被军队接受，而是决定用于航天发射。1965 年 7 月 16 日，UR500 在拜科努尔发射场执行了第一次任务，将"质子"1 号科学考察卫星送入太空，火箭也从此而得名"质子"号。

"质子"-K

在 UR500 基础上加入第三级后,运载能力更为强大的、三级状态的"质子"-K 火箭(即 UR500K)诞生了。在 20 世纪 70 年代初至 80 年代末,前苏联曾利用不带上面级的"质子"-K 将 8 个空间站("礼炮"1 号~"礼炮"7 号、"和平"号)送入轨道。国际空间站的两个主要组件"曙光"号功能货舱和"星辰"号服务舱也是用"质子"-K 发射的。冷战结束后,"质子"-K 又用于发射国际空间站的几个重要舱段。除了美国的航天飞机以外,"质子"号是目前唯一能够承担这项任务的运载工具。

⬆ 矗立在发射架上的"质子"号运载火箭

兵 器 档 案
"质子"号火箭
类型:运载火箭
国家:前苏联
全长:44.3 米(UR500)
直径:芯级最大直径 4.1 米(不含贮箱)、7.4 米(含贮箱)(UR500)
总重:27 000 千克(不含推进剂)
发射重量:620 000 千克(UR500)
发射场:拜科努尔(UR500)

"质子"-M

冷战结束后,俄罗斯新研制了一种四级型质子号火箭,即"质子"M,它可以将重型卫星直接送入地球同步轨道(以前的质子号通常是将卫星发射到地球同步转移轨道)。"质子"-M 在 2001 年首次发射,将一颗"银幕"-M 通信卫星送入轨道。

← "质子"-M 火箭发射

"能源"号运载火箭

"**能**源"号运载火箭是前苏联的一种重型的通用运载火箭,曾经是世界上起飞质量与推力最大的火箭。

▶ 前苏联"能源"火箭与"暴风雪"号航天飞机

主要任务

"能源"号运载火箭的主要任务有:发射多次使用的轨道飞行器;向近地空间发射大型飞行器、大型空间站的基本舱或其他舱段、大型太阳能装置;向近地轨道或地球同步轨道发射重型军用、民用卫星;向月球、火星或深层空间发射大型有效载荷等。

▶ "能源"运载火箭能把100吨有效载荷送上近地轨道。

各项数据

"能源"号运载火箭长约60米,总重2 400吨,起飞推力3 500吨,能把100吨有效载荷送上近地轨道。火箭分助推级和芯级两级,助推级由四台液体助推器构成,每个助推器长32米,直径4米;芯级长60米,直径8米,由4台液体火箭发动机组成。

总体布局

"能源"号火箭在总体布局上继续沿用了苏联大型运载火箭自20世纪50年代后期以来广泛采用的横向捆绑助推器的结构形式，即在芯级周围捆绑不同数量的助推器，用以构成助推级。1987年5月投入使用的仅是"能源"号火箭的基本型。

兵器档案

"能源"号运载火箭

类型：运载火箭
国家：前苏联
全长：60米
直径：4米（助推器）；8米（芯级）
总重：2 400吨
发射重量：3 500吨
发射场：拜科努尔

如何发射

"能源"号火箭发射时，助推级和芯级同时点火，助推级四台助推火箭工作完毕后，芯级将有效载荷加速到亚轨道速度，在预定的轨道高度与有效载荷分离。尔后有效载荷靠自身发动机动力进入轨道。

▶ 准备发射的"能源"号火箭

▶ "能源"号运载火箭与"暴风雪"号航天飞机。

两次发射任务

"能源"号只执行过两次发射任务。在1987年5月13日第一次发射测试，前苏联最初宣布"能源"号发射成功了一个模拟载荷。1988年第二次发射时，"能源"号将暴风雪号航天飞机送入轨道。伴随着前苏联解体，"能源"号火箭停止生产。

"大力神"号运载火箭

美国的"大力神"号运载火箭系列是以"大力神"2型洲际导弹为基础发展而来，属于抛弃式火箭，共发射368次。该系列火箭有3A、3B、3C、3D、3E、34D 等多种型号，主要用于发射各种军用有效载荷。

"大力神"-3A 和"大力神"-3B

"大力神"-3A 和"大力神"-3B 都是三级液体火箭，"大力神"-3A 于 1964 年开始发射军用卫星。1966 年开始使用的"大力神"-3B 主要用于发射军用侦察卫星。"大力神"-3A 和"大力神"-3B 火箭重 160～180 吨，可将 3.6～4.5 吨重的载荷送入低地球轨道。

▣"大力神"-3C 的助推火箭具备强大推力及先进的矢量控制系统，与先前之固态助推火箭相比，为一大突破。

▣"大力神"-3B 火箭发射

"大力神"-3C

3C 是在 3A 火箭的两侧各捆绑一台大型固体火箭助推器组成的。每个助推器长 25.9 米，直径 3.05 米，重 200 吨，通过由助推器旁侧的贮箱喷注四氧化二氮的方法来控制推力方向。3C 于 1965 年开始使用，主要用来发射军用通信卫星。火箭重 635 吨，起飞推力约 10 498 千牛，能把 13.4 吨重的载荷送入低地球轨道或把 1.6 吨重的载荷送入地球静止卫星轨道。

"大力神"–3D 和"大力神"–34D

"大力神"–3C 火箭去掉过渡级就变成"大力神"–3D 火箭，该火箭重590吨，从1971年开始用来发射重型侦察卫星。"大力神"–3C 火箭通过增大芯级和固体火箭助推器的长度，并用惯性上面级取代过渡级，又演变为"大力神"–34D 火箭，该火箭重780吨，从1982年开始用来发射重型军用卫星。

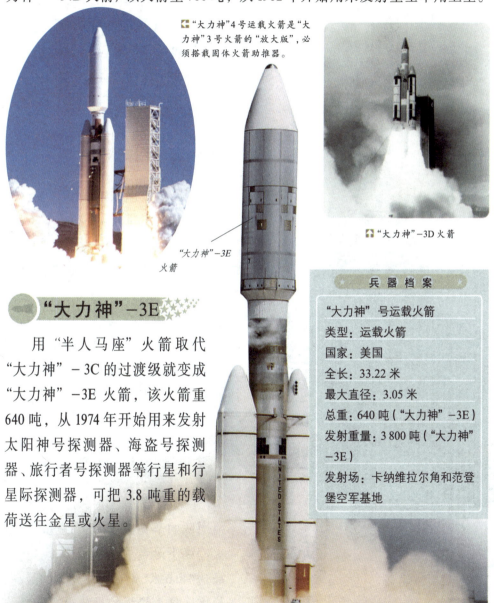

◀ "大力神"4号运载火箭是"大力神"3号火箭的"放大版"，必须搭载固体火箭助推器。

"大力神"–3E 火箭

▲ "大力神"–3D 火箭

"大力神"–3E

用"半人马座"火箭取代"大力神"–3C 的过渡级就变成"大力神"–3E 火箭，该火箭重640吨，从1974年开始用来发射太阳神号探测器、海盗号探测器、旅行者号探测器等行星和行星际探测器，可把3.8吨重的载荷送往金星或火星。

兵器档案

"大力神"号运载火箭

类型：运载火箭

国家：美国

全长：33.22 米

最大直径：3.05 米

总重：640 吨（"大力神"–3E）

发射重量：3 800 吨（"大力神"–3E）

发射场：卡纳维拉尔角和范登堡空军基地

"土星"5号运载火箭

"**土**星"5号运载火箭，又译"神农"五号，亦称为月球火箭，是美国国家航空航天局（NASA）在阿波罗计划和天空实验室计划两项太空计划中使用的多级可抛式液体燃料火箭。"土星"5号火箭也是"土星"号运载火箭成员中最大的火箭。

"土星"5号运载火箭

委以重任

"土星"5号的设计起源于V-2火箭和"木星"系列火箭。由于"木星"系列火箭的成功，新一代的"土星"系列火箭开始出现。首先是"土星"1号和1B号，最终是"土星"5号。当时，冯·布劳恩在马歇尔航天飞行中心领导了一个团队来建造一个足以将一艘宇宙飞船送上登月轨道的运载火箭，最终，"土星"5号获此殊荣。

"土星"5号火箭第一级的5个F-1火箭发动机。

"土星"5号的诞生

在总指挥冯·布劳恩与他的火箭团队的辛勤工作下，"土星"5号火箭终于诞生了。"土星"5号火箭高达110.6米，是目前使用过的最高、最重、推力最强的运载火箭。

火箭结构

"土星"5号共包括3级：第一级 S–IC，第二级 S–II 和第三级 S–IVB 以及设备单元。所有的发动机都使用液氧作为氧化剂。第一级使用 RP–1 煤油作为燃料，第二级和第三级都使用了液氢作为燃料，每一级的上一级都使用了小的固体燃料发动机以将其与下一级分离，同时保证液体推进剂在正确的位置注入泵中。

兵器档案

"土星"5号运载火箭
类型：运载火箭
国家：美国
全长：110.6米
最大直径：10.1米（芯级）
发射重量：3038500千克
发射场：肯尼迪航天中心

"土星"5号火箭发射升空时，喷出浓烟和橙色的火焰，猛烈的喷火使地面为之摇动。

"阿波罗"6号尾部的摄像机拍摄的"土星"5号火箭一级和二级结构脱离时的场景。

登月之旅

"土星"5号火箭是一个庞然大物，整个系统及地面辅助设备零件有900万个之多。这些部件都必须执行精确的工作配合，经过4次点火，才能将飞船送上月球，然后还要返回地球，进行回收利用。"土星"5号应是"完美"的代名词，因为它不仅成功地将载着阿姆斯特朗等人的"阿波罗"11号送上月球，而且以后还执行了多次重大任务，每次运载都几乎毫无瑕疵。这简直可以说是奇迹。这是布劳恩及其他科学家们的才智创造的奇迹。

火箭的摇篮

航天中心就像摇篮，在这里，火箭将一颗颗人造卫星、宇宙飞船、航天探测器送上太空，开始了它们的太空之旅。火箭就像是人类登天的"梯子"。

肯尼迪航天中心的火箭

肯尼迪航天中心

美国佛罗里达州卡纳维拉尔角肯尼迪航天中心濒临大西洋，是美国本土上最接近赤道的地方。1947年，它被开辟为火箭试验及发射中心，是为实施"阿波罗"工程计划而建造的。该中心是美国最大的航天器发射场。从肯尼迪航天中心发射过"双子星座"号飞船、"阿波罗"号飞船和航天飞机。

卡纳维拉尔角肯尼迪航天中心

↑ 拜科努尔航天中心发射质子M火箭

拜科努尔航天中心

　　俄罗斯的拜科努尔航天中心位于莫斯科东南2 100千米、今哈萨克斯坦共和国的丘拉坦沙漠地带，始建于1955年，占地广阔，装备齐全。在这里，火箭飞行路线可跨过东面及东北方向的一片杳无人烟的宽阔地带，空间轨道在前苏联境内就有几千千米，一直延伸到太平洋赤道上空为止。由于它在前苏联境内属低纬度地区，所以有利于将各种航天器发射入轨。

➦ 联盟运载火箭在拜科努尔航天中心发射。

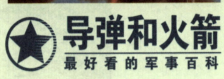

导弹和火箭

最好看的军事百科